经济管理学术文库 · 金融类

商业银行治理理论与实证研究

Theoretical and Empirical Study on the Governance of Commercial Banks

谭兴民 / 著

经济管理出版社
ECONOMY & MANAGEMENT PUBLISHING HOUSE

图书在版编目（CIP）数据

商业银行治理理论与实证研究/谭兴民著. —北京：经济管理出版社，2014.11
ISBN 978-7-5096-3424-0

Ⅰ. ①商… Ⅱ. ①谭… Ⅲ. ①商业银行—银行管理—研究—中国 Ⅳ. ①F832.33

中国版本图书馆 CIP 数据核字（2014）第 237596 号

组稿编辑：杨国强
责任编辑：杨国强 张瑞军
责任印制：黄章平
责任校对：张 青

出版发行：经济管理出版社
（北京市海淀区北蜂窝 8 号中雅大厦 A 座 11 层 100038）
网 址：www. E-mp. com. cn
电 话：（010）51915602
印 刷：北京九州迅驰传媒文化有限公司
经 销：新华书店
开 本：720mm×1000mm/16
印 张：14.75
字 数：227 千字
版 次：2014 年 12 月第 1 版 2014 年 12 月第 1 次印刷
书 号：ISBN 978-7-5096-3424-0
定 价：48.00 元

序

1991年，中国第一只股份制银行股票——深发展A在深圳证券交易所成功上市。2005年10月27日及2007年9月24日中国建设银行分别在H股和A股市场上市，从此拉开了中国国有独资银行进入资本市场的序幕。之后的中国银行、中国工商银行也相继上市。2010年7月15日，中国农业银行股份公司登陆资本市场，以当时全球最大IPO的上市记录，使我国国有独资银行成为历史，也见证了国有独资商业银行股份制改革的阶段性收官。与此同时，一些地方商业银行也陆续上市。从中国建设银行到中国银行、中国工商银行、中国农业银行，中国国有独资银行的股份制改革和市场化蝶变在过去不到10年时间内加速演进。国有银行股份制改造后的本质变化之一就是现代公司治理机制初步建立。股改之前，各行基本是以行长为中心的集中管理体制。股改之后，各大型银行引进了境内外机构投资者并公开发行上市，实现了股权多元化和资本所有者对银行的有效监管，建立了董事会、监事会和高级管理层之间各司其职、有效制衡、协调运作的公司治理结构。董事会下设多个专业委员会，董事会的咨询和决策作用得到进一步发挥，建立了独立董事制度，引入中外专家担任独立董事，董事的专业性不断增强，对银行的约束力不断强化，上市银行已基本建立起以提升公司价值为核心，最大程度兼顾投资者、金融消费者和员工三者之间利益的现代商业银行经营理念。谭兴民同志这本《商业银行治理理论与实证研究》正是针对我国这一历史变化展开的深入研究成果。

谭兴民同志是20世纪90年代我在央行工作时认识的。当时，我们共同参加了以国有企业兼并、破产为主导的国企改革工作。之后成为多年的同事及好朋友。他曾任黑龙江省计经委副科长、省长办公室秘书。1988 年 7 月从中国人民大学投资经济系研究生毕业后到中国建设银行总行工作，曾任建行总行投资研究所理论室副主任，副研究员，参加总行经济发展战略研究组，参与《建行发展战略》文件起草工作；1994 年参加总行扶贫工作，任陕西省安康地区紫阳县副县长；1995 年起历任总行资产保全部副处长、处长，总行资产保全部副总经理，总行第二营业部副总经理，总行风险管理部/资产保全部副总经理等职，曾任中国投资学会理事。

谭兴民同志长期从事银行不良资产处置工作，是建行高端的风险控制及资产管理专家之一，他先后参与和组织领导了我国大型国企、民企，包括德隆集团、三九集团、华源集团，以及 A 股上市公司东盛科技、华源发展、山东海龙等多个企业的债务重组工作。在繁忙的工作之余，谭兴民同志仍挤出时间进行理论研究，在银行公司治理及资产重组、并购、投融资等领域有诸多建树，在金融、投资领域国家级重要期刊发表学术论文 30 余篇，出版专著 3 部，主编大型综合学术著作 6 部。

经济管理出版社出版的《商业银行治理理论与实证研究》是谭兴民同志攻读博士学位期间的研究成果。该书对各国银行公司治理模式进行了比较分析，探讨了银行公司治理的环境、结构和机制等基本要素，系统分析了国有商业银行治理结构的有效性问题，深入剖析了我国股份制银行公司治理的现状与问题，并利用上市银行的公开数据实证研究了银行股权结构、战略投资者、董事会、高管薪酬及信息披露等问题，是国内第一本比较全面研究银行公司治理问题的学术著作之一，也是理论研究学者及银行实践工作者不可多得的有益参考书。

是为序。

黄毅

2014 年 12 月

注：作序者黄毅为中国建设银行副行长、法学博士。

前言

中国银行业改革是中国经济体制改革的重要组成部分，商业银行的改革将对未来经济和金融发展产生全局性影响，对国家经济和金融安全具有决定性作用。近年来，国际金融业处于剧烈的动荡与分化之中，各国金融机构都在进行重组融合，国际金融竞争出现了新的格局。这些因素对中国金融业提出了严峻的挑战，特别是我国金融市场完全对外开放后，国内外银行之间的竞争加剧。这场竞争，实质上是现代银行制度的竞争，而现代银行制度的核心是现代银行公司治理机制。因此，治理结构的优化是提高我国商业银行竞争力的必由之路。

商业银行作为一类特殊的公司，既有一般公司的普遍性，也有其特殊性。在当前对公司治理结构问题的研究成果中，国内外学术界更为关注的是企业，特别是上市公司的治理结构，而对商业银行治理的论述相对较少。鉴于此，本书在对银行公司治理进行理论分析的基础上，对我国上市银行公司治理问题进行了较为全面的理论与实证研究。

本书是在我的博士学位论文基础上整理而成的。感谢导师蒲勇健教授的精心指导，感谢同门师妹袁茂等前期的共同研究。感谢我的家人，他们是支撑我完成研究的动力。感谢我所在单位的领导和同事，他们的支持坚定了我完成研究的信念。在整理成书的过程中，宋增基教授提供了部分资料，并提出建设性的完善建议，在此深表谢意。

由于水平所限，本书在一些问题的研究上可能存在偏颇和不当之处，敬请读者批评指正。

谭兴民

2014 年 12 月于北京

目　录

第一章 绪 论

第一节 研究背景

金融是现代经济的核心，商业银行是中国金融体系的核心。中国银行业改革是中国经济体制改革的重要组成部分，商业银行的改革将对未来经济和金融发展产生全局性影响，对国家经济和金融安全具有决定性作用。在金融促进经济增长的理论框架中，其隐含的假设是金融机构本身具有良好、稳健的公司治理，商业银行能有效地发挥经济体系所需的各种功能。但是这与现实不符，国际上层出不穷的银行问题说明了商业银行只有在具有良好稳健的公司治理下才能提高效率，促进经济增长与发展。2006 年 12 月 11 日，随着包括花旗、渣打等在内的 8 家外资银行向银监会提交转制申请，标志着我国银行业的全面开放，也拉开了中外银行激烈竞争的序幕。这场竞争，实质上是现代银行制度的竞争，而现代银行制度的核心是现代银行公司治理机制。因此，治理结构的优化是提高我国商业银行竞争力的必由之路。

历经 30 多年，我国银行业已由改革前的中国人民银行“大一统”的完全垄断格局演变为以中央银行为核心，国有商业银行为主体，政策性银行以及股份制银行、城市商业银行等其他类型银行机构多元化共同竞争的金融中介格局。随着我国经济改革的深入以及对外开放水平的提高，新的经济形势对银行业改革提出了更高的要求。

从内部经济发展来看，高速经济增长要求得到更多、更有效的金融支持，特别是银行业，高速经济发展需要一个更有效率的银行体系以满足其投融资要求。再者，经济全球化以及我国融入世界经济程度的提高对我国银行业深化改革也提出了要求，特别是WTO（世界贸易组织）的五年过渡期已结束，享有完全“国民待遇”的外资银行将对本土银行发展提出挑战。在这两大动因的作用下，我国银行业势必会面临新的竞争格局，而这种新的格局将以何种形式呈现取决于监管部门、银行机构和其他利益相关者的共同博弈过程。

在这场博弈过程中，重塑银行业新格局需要有丰富的现实经验和可信的理论支持。对比分析各国的银行业发展历程，我们发现，银行业的发展模式并不是一成不变的。美国银行业的早期发展强调分散，美国司法部门运用《反垄断法》维护银行业的竞争程度，这也促使美国拥有数量众多的银行，达到10000多家的水平。然而，近20年来，美国银行体系也经历了重大的结构性变化，银行间并购层出不穷，银行跨州设立分支机构松绑，银行混业经营法令的通过等显著地影响到美国银行结构变化趋势与银行业的竞争。欧盟也一直在加速经济一体化，并努力消除成员国银行业进入的市场障碍，鼓励成员国银行间市场的相互渗透，倡导成员国银行间的相互竞争，目的是整合欧盟范围内银行业，建立银行业新的竞争格局。同时在欧洲，银行管制的放松引致了银行合并、兼并和收购的浪潮。

自加入WTO以后，我国银行业市场化改革的步伐加快，虽然取得了一些成绩，但是与国际标准的银行治理还有很大差距，主要是银行的盈利能力较差，业务收入单一，整体上体现为银行经营绩效低下，竞争力不足。在此背景下，如何对一个如此庞大的银行体系进行公司治理改造，建立起有效的银行公司治理，构建具有中国特色的商业银行公司治理架构及治理机制并提高我国银行业的整体水平，既是我国银行业改革的重要内容，也是建立现代化银行制度的关键。

第二节　研究意义

近年来，我国金融市场正在发生深刻的制度性变革（银行业市场结构变化、股权分置改革、监管环境变化等），银行公司治理的制度环境发生了显著的变化。与此同时，国际上公司治理的实践也在一次次的治理失效中得到了实质性的推进。特别是从 OECD（经济合作与发展组织）公司治理准则、巴塞尔委员会公司治理指引、COSO 的整合框架以及亚洲公司治理圆桌会议等银行公司治理的国际标准文献来看，对公司治理强调和推崇的是“实质重于形式”原则。

因此，本书尝试依据我国银行业改革的实践做法，按照完整的经济学研究方法和范式，通过对中国上市银行公司治理结构与治理绩效关系问题的研究，为我国银行业的健康发展提供理论和实践上的参考，为今后学界进一步的深入研究提供有益的尝试和启示。

在理论层面：从研究方法上，本书将按照大胆假设、谨慎求证的原则，构建相关的理论模型，对模型进行实证检验，按照历史的方法进行事实验证，这对银行公司治理研究方法论有一定的贡献。更重要的是，通过明辨治理模式的选择，可以确定我国商业银行公司治理改革的定位这一关键问题，探索我国商业银行公司治理改革的具体路径。

在实践层面：银行公司治理结构被视为金融改革的焦点，特别是对上市银行来说，明确银行公司治理模式选择的理论问题，具有重要的政治意义，对于我国商业银行借鉴国际先进银行治理有效的先进做法具有重要的参考价值。

第三节 研究内容及框架

本书的主要研究内容和结构安排如下：

第一章 绪论。对研究背景、研究意义、研究内容及框架内容、主要的创新点进行了简要说明。

第二章 银行公司治理理论基础。本章首先对公司治理相关概念进行了简单介绍，然后对商业银行的特殊性、银行公司治理的特殊性等与银行公司治理相关的理论基础进行了概括。

第三章 商业银行公司治理模式国际比较。本章分别对英美治理模式、德日治理模式、东南亚治理模式、转型经济治理模式进行了介绍，对商业银行公司治理发展趋势进行了分析。

第四章 中国商业银行公司治理演进及现状分析。本章首先对中国商业银行公司治理的历史演进进行了介绍，然后从股权结构、董事会特征、境外战略投资者以及信息披露四个方面，对我国商业银行公司治理的现状进行了分析。

第五章 银行股权结构与公司治理。本章实证分析了股权结构与经营绩效间的关系。研究结果显示，较大的第一大股东的持股比例、控制能力以及较高的股权集中度阻碍了银行绩效的提高，而境外战略投资者和实际控制人性质是银行绩效的促进剂。此外，研究还发现，董事会规模对绩效有一定的负面影响，而独立董事占董事会的比例以及银行两职分离情况对绩效有促进作用。

第六章 引入境外战略投资者与公司治理。本章采用面板数据计量方法从上市银行治理指标、安全性、盈利性、成长性四个方面，对上市银行引进境外战略投资者前后的效果进行比较分析和定量研究。研究结果表明，引入境外战略投资者能有效完善中国上市银行的公司治理机制。上市银行绩效的改善说明引入境外战略投资者的银行在一定程度上复制了境外战略投资者较为成熟的公司治理结构、先进的经营理念和风险控制技术，基本达到了引进境外战略投资者的最初目的。

第七章　银行信息披露与公司治理绩效。国内外的经验证明：银行信息披露的质量对银行的经营绩效有很强的正相关性，而信息披露的质量是由公司治理的诸多方面所决定的。本书还实证分析了影响银行信息披露的诸多因素。实证研究表明，一般公司治理的研究结论不适用于银行业。中国上市银行内部控制机制对会计信息披露质量的影响较小，仅发现两职分离的领导权结构以及分散的股权结构能够提高会计信息披露质量，没有发现董事会、债权人以及经理人激励合约等治理机制对会计信息披露质量的影响。产品市场的强烈竞争对公司治理控制机制形成约束之后的统计结果显示，对于内部治理结构不完善的中国上市银行，产品市场的强烈竞争会进一步降低内部控制机制对会计信息披露质量的提高。

第八章　董事会独立性与公司治理绩效。本书采用了上市股份制商业银行数据，实证分析了董事会独立性与银行经营绩效之间的关系。研究结果发现，董事会独立性对银行绩效的促进作用并不明显。银行绩效的提升除了改善治理结构外，增加网点数量，扩大市场份额也有重要作用。

第九章　董事会与银行绩效。本章在充分考虑银行业治理特殊性的基础上，实证考察了中国上市银行董事会治理与绩效间的关系。以往的治理研究大多不将银行业单独考虑，忽略了银行业在治理方面众多的特殊性。因此，银行治理不能简单套用一般企业的治理结论。研究表明，银行股权结构制衡能力较好，银行董事会监督能力有所弱化；而董事会规模和董事会会议频率与银行业绩成反比关系；独立董事对银行的绩效有微弱促进作用，银行两职分离情况对绩效影响不明显。

第十章　银行独立董事制度的运行效率。本章通过建立一系列模型实证考察独立董事在银行中的运行效率。研究证实，由于银行股权制衡能力比较强，独立董事的监督职能弱化，但是银行独立董事由于其专业背景以及广泛的社会关系，能够提高董事会决策效率，促进银行业绩的提升。研究还发现，独立董事的作用是有滞后的。当期的独立董事能够明显促进银行下一期的绩效。因此，研究认为，独立董事在国内上市银行中的运行具有效率，能够促进银行的进一步发展。

第十一章 银行高管薪酬与银行绩效。以往的研究都集中于经营者薪酬与公司经营绩效之间的关系，主要集中于讨论高管人员的薪酬水平。本书不仅研究了银行高管薪酬的影响因素，还从中国上市银行内部薪酬差距的角度出发，依据锦标赛理论和行为理论，探讨了银行内部薪酬差距与银行绩效之间的相关关系。研究发现，中国上市银行的薪酬结构具有一定的合理性。另外通过对银行行长与银行绩效的回归分析发现，银行行长薪酬与银行绩效的联系程度还不够紧密，需要在以后的薪酬制度改革中进一步加强。

第十二章 研究结论、建议及展望。本章首先对本书的主要研究结论进行了总结，其次提出了完善我国上市银行公司治理结构的建议，最后对研究局限及未来研究展望进行了说明。

第四节 研究创新

第一，用创新的方法探索和研究了银行这类特殊类型的公司治理问题。本书在充分考虑银行业自身特点的基础上，对我国银行公司治理问题进行了研究。国内外学者对现有公司治理的研究视角涵盖所有行业，而大部分的实证分析将金融行业剔除在外，部分学者对金融业的研究多数也采用研究一般公司治理的方法，这使得结论是否适用金融行业值得商榷。事实上，金融行业特别是银行业在解决治理问题上，有许多区别于一般企业的特征。本书在充分考虑银行业自身特殊性的基础上，对我国上市银行公司治理问题进行了研究。这些研究对于完善我国商业银行的公司治理结构，将会产生积极的影响。

第二，首次用定量和实证的方法，探索和研究了我国银行业引入境外战略投资者对银行绩效的作用。对此类问题，国外的研究主要是针对不同的国家体系和经济结构，其研究结论在某些方面可以作为我国引入外资的理论依据，但由于我国的实际情况未必与这些国家相同，这些研究经验必须与我国实际情况相结合。国内的研究总体上是从定性角度分析，鲜有定量或实证研究。本书从实际数据入手，实证分析了我国上市银行在引入境外战略投资者前后，上市银行的治理状况、安全性、盈利能力、成长性的变化情况，检验了“引进来”策略在实践中是否真正发挥了预想的作用。本书的研究将进一步促进中国境外战略投资者的规范发展，为完善商业银行公司治理提供理论依据和经验支持。

第三，在国内首次探索和研究了信息披露对我国上市银行治理及绩效的影响。公司治理结构和会计信息披露体系是现代企业制度的精巧设计。公司治理结构对会计信息披露的要求、内容和质量会产生直接影响。本书在理论分析的基础上，通过实证研究表明，一般的公司治理的研究结论不适用于金融行业，特别是银行业。中国上市银行内部控制机制对会计信息披露质量的影响较小，而银行外部控制机制对会计信息披露质量的影响显著。产品市场的强烈竞争对公司治理控制机制形成约束之后的统计结果显示，对于内部治理结构不完善的中国上市银行，产品市场的强烈竞争会进一步降低内部控制机制对会计信息披露质量的提高，而改变我国银行业“一股独大”的局面和真正发挥监事会的作用是重要的改善途径。

第四，在国内首次探索和研究了上市银行董事会独立性对公司绩效影响的研究。本书在结合银行业自身特点的基础上，实证分析了我国上市银行董事会独立性与经营绩效的关系。研究发现，董事会独立性对银行绩效虽有一定促进作用，但影响不明显。作为国内银行业全面开放的今天，进一步加强对银行业治理问题的研究具有现实意义。本书在这方面做了尝试和探索，希望引起理论界和银行监管部门的更多关注。

第二章 银行公司治理理论基础

第一节 公司治理相关概念

什么是现代公司的治理结构？公司治理在现代公司中有哪些功能？正确理解这些问题是深入研究公司治理课题的必备前提条件。本章在充分吸收国内外学者对这些问题研究成果的基础上，就公司治理的起源和发展、含义、特征以及基本功能进行了系统的总结。

一、公司治理理论的起源和发展

据文献检索所知，"公司治理"概念最早出现在经济学文献中的时间是20世纪80年代初期。在这之前，Williamson（1986）曾提出了"治理结构"（Governance Structure）概念，可以说与公司治理的概念已相当接近。如果从思想渊源上看，最早可以追溯到亚当·斯密。他在《国民财富的性质和原因的研究》中认为，股份公司中的经理人员使用别人而不是自己的钱财，不可能期望他们会有像私人公司合伙人那样的警觉性去管理企业。因此，在这些企业的经营管理中，或多或少地，疏忽大意和奢侈浪费的事总是会流行。这实际上已触及了公司治理所要解决的一个核心，即代理问题，它源于经理人员与投资者之间潜在的利益不一致性。到了20世纪初，伴随规模巨大的开放型公司的大量出现，这一问题已相当突出，所以Berle和Means（1932）在《现代公司与私有财产》中直言，管理者权力的增大有损害资本所有者利益的危险。他们担心，由于正在发生的所有权与控制权的持续分离——这种分离在美国特别明显，可能会使管理者对公司进行掠夺。从那时开始，人们普遍相信经理人与股东之间存在着利益背离这一事实。许多经济学家开始研究股东如何有效地控制和监督经理人员行为的问题，该领域的研究文献大量地涌现。

关于开放型公众持股公司的主要缺点，即产生于所有权与控制权相分离的代理问题，Jensen 和 Meckling（1976）在其经典性的论文中，通过讨论公司价值与经理人员股票所有权之间的关系而首次将其纳入了公司价值（Corporate Valuation）的分析范畴。他们认为，经理人员有激励去消费薪金外特权享有的东西，有激励去采取有利于自己而损害外部股东利益的投融资政策。尽管存在这种代理问题，但一般的融资理论总还是假定，股东财富的最大化是公司企业的唯一目标，即公司管理总是以所有股东的最大利益为准绳。其暗含的前提是，市场和制度安排会迫使经理人员不致背离价值最大化行为过远。这些约束力包括产品市场的竞争压力、经理人员市场、资本市场以及公司控制权市场。进一步地，对经理行为的监督可以通过建立董事会的办法来实施（Fama 和 Jensen，1983）。同样，经理人员的薪金补偿计划安排也可以提供额外的激励，以使潜在的利益背离趋于一致。这样，就有了"一揽子内部和外部的监督手段"（Fama，1980），它们相互替代或相互补充，共同用以对管理行为实施限制。

二、公司治理的定义

公司治理也译作公司治理结构、公司治理机制。国内外学者由于分析和强调问题的角度不同，加之公司治理这一概念有着丰富的内涵，对公司治理所下的定义有较大的差别。费方域（1998）在《企业的产权分析》中，比较全面地介绍了国内外学者对公司治理的不同定义，现将这些定义进行比较、综合和概括，分述如下：

（一）把公司治理看作一种制度安排

Mayer Colin（2000）把公司治理定义为："公司赖以代表和服务于它的投资者利益的一种制度安排。它包括从公司董事会到执行人员激励计划的一切东西……公司治理的需求随市场经济中现代股份公司所有权与控制权分离而产生。"钱颖一（1995）也有类似的看法，他认为："在经济学家看来，公司治理是一套制度安排，用以支配若干在企业中有重大利害关系的团体——投资者（股东和贷款人）、经理人、职工之间的关系，并从这种联盟中实现经济利益。公司治理包括：①如何配置和行使控制权；②如何监督和评价董事会、经理人和职工；③如何设计和实施激励机制。一般而言，良好的公司治理能够利用这些制度安排的互补性质，并选择一种结构来减低代理人的成本。"

（二）把公司治理看作是股东、董事会和经理人员之间的相互作用

Cochran 和 Wartick 指出："公司治理包括在高级管理阶层、股东、董事会和公司其他的有关利益人的相互作用中产生的具体问题。构成公司治理的核心是：①谁从公司决策/高级管理阶层的行动中受益；②谁应该从公司决策/高级管理阶层的行动中受益，当在'是什么'和'应该是什么'之间不一致时，一个公司治理问题就会出现。"为了进一步阐明公司治理中包含的问题，他们引述了 Buchholz 的论述，将公司治理分为四个要素：管理阶层有限控制权；董事过分屈从于管理阶层；工人在企业管理上没有发言权；政府注册规定过于宽容。每个要素关注的对象是这些有关利益人集团中的一个，如上，则分别是股东、董事会、工人和政府。解决这些问题的办法分别是股东参与、重构董事会、扩大工人民主和严格政府管理。Cochran 和 Wartick 认为："理解公司治理中包含的问题，是回答公司治理是什么这一问题的一种方式。"

（三）把公司治理定义为组织结构

吴敬琏指出："所谓公司治理，是指由所有者、董事会和高级执行人员即高级经理人员组成的一种组织结构。在这种结构中，上述三者形成一定的制衡关系。通过这一结构，所有者将自己的资产交由公司董事会托管；公司董事会是公司的最高决策机构，拥有对高级经理人员的聘用、奖惩以及解雇权；高级经理人员受雇于董事会，组成在董事会领导下的执行机构，在董事会授权范围内经营企业。”

（四）把公司治理看作是一种决策机制

Hart（1995）提出了公司治理分析框架，认为只要存在以下两个条件，公司治理问题就必然会在一个组织中产生。一是代理问题，具体说是公司组织成员之间存在利益冲突；二是交易费用之大使代理问题不可能通过合约解决。在无代理关系情况下，企业的每个人都会被指挥去追求企业利润和市场价值的最大化，或者去追求最小成本。每个人的努力和其他各种成本可以直接得到补偿，因此不需要激励机制调动人们的积极性，也不需要公司治理结构去解决争端，因为根本就不存在争端。如果出现代理问题并且合约不完全，则公司治理结构至关重要。签订委托—代理合约是需要费用的，如果这些交易费用存在，所有当事人将不能签订完全的合约，而只能签订不完全的合约。合约不完全则意味着合约模棱两可，当新的信息出现，合约将被重新谈判，不会引起法律争端。治理结构被看作是一个决策机制，而这些决策在初始合约中没有明确设定。更准确地说，治理结构分配公司非人力资本的剩余控制权，即资产使用权如果在初始合约中没有详尽设定的话，治理结构决定其如何使用。

除上述对公司治理结构的典型定义外，还有许多学者也从另外的角度对公司治理结构进行定义，由于篇幅所限，不能一一阐释。

笔者同意“把公司治理看作一种制度安排”，并基本同意钱颖一的观点，即公司治理的宽泛概念。对于公司治理笔者有进一步的认识，上市银行公司治理其核心主要包括四个方面：一是股权结构的状况；二是境外战略投资者的引入情况；三是信息披露的状况；四是董事会独立性的状况。这些是公司治理的核心组成部分，因此，这四个方面的优劣将对我国银行业公司治理的绩效产生重要的作用。

三、公司治理的特征

（一）责权分明，各司其职

公司治理结构的领导体制由权力机构、决策机构、监督机构和执行机构组成。各个机构的权力与职责相互配合，共同推动公司的有效运作。股东大会是公司的最高权力机构，它代表股东对公司资产拥有最终控制权和决策权；董事会是公司的经营决策机构，它对股东大会负责，执行股东大会的决议；监事会是公司的监督机构，它对股东大会负责，依法对董事会和经理人员在企业经营的行为进行监督；经理人员是公司决策的执行者，他们对董事会负责，在公司章程和董事会授权范围内行使职权，负责公司日常经营和管理。权力机构、决策机构、监督机构和执行机构之间权责明确、职责分明、相互制衡、相互协调。

（二）委托—代理，纵向授权

在公司中，公司各层级之间是由一组委托—代理关系连接起来的。股东作为委托人将其财产交由董事会代理，并委托监事会对董事会和经理人员进行监督；董事会拥有法人财产权，它将法人财产委托给经理人员进行经营管理。在经理以上层级，主要是通过委托—代理契约来维系，也不排除劳动契约的关系，如经理以下层级，由于公司规模的不同，也分为若干不同的层级，这些层级之间是通过劳动契约来维系的。无论是委托—代理关系，还是劳动契约关系，从股东大会到公司最基层的作业班组，都是自上而下的纵向授权。

（三）激励和制衡机制并存

在公司委托—代理关系中，代理人可能发生“逆向选择”和“道德风险”。“逆向选择”是指代理人掌握着委托人所不知晓的私有信息，这样，在与委托人签订契约时，代理人就有可能根据私有信息向委托人提出有利于自己的代理条件的行为。“道德风险”是指代理人在签订契约后，出于自身利益的考虑，对委托人采取阳奉阴违的机会主义的态度，委托人又无法亲临现场监督代理人的活动，事后也无法推测其行为是机会主义行为。“逆向选择”和“道德风险”都源于委托人和代理人之间存在着信息不对称性，由于信息不对称，代理人在签订合同时做出“逆向选择”或在履行契约时采取机会主义的“道德风险”行为，在这两种情况下，委托人的利益都会受到损失。为了尽可能避免损失，委托人有必要建立激励和制衡机制。从激励方面来说，主要是委托人如何通过一套激励机制促使代理人的行为目标与委托人所要达到的目标保持最大限度的一致。对代理人的激励可采取多种方式，如高薪聘请、股票期权等。从制衡方面来说，在公司内部，股东大会与董事会之间、董事会与经理人员之间、监事会与董事会和高层经理人员之间都是一种制衡关系。所有者对经营者也存在制衡关系，如对经理的聘任、解聘等。在公司外部，对经营者的约束主要表现在以下五个方面：一是证券市场的约束。经营业绩差的企业股票在股票市场上股价下跌，董事会就会因经营者业绩差而将其解聘。二是经理市场的约束。如果公司经营业绩较差，董事会也会解雇经理到经理市场上雇用他人，这迫使经理人员为了保住自己的职位而为公司努力工作。三是公司兼并的约束。当公司业绩较差时，股东大多是用抛售股票来减少损失。大量抛售股票使股价大幅下跌，在这种情况下，公司经常被“恶意收购”，一旦公司被“恶意收购”，原来的经理及高级职员一般都会被裁撤。四是金融机构的持股与监督。西方国家金融机构持有大公司股票的现象相当普遍，这有助于发现企业经营中存在的问题并进行监督。五是完善的法规和中介机构的监督。完善的立法和执法体制对非法经营者是一种威慑，独立的会计和审计制度对经营者也是一种有效的制约。

四、公司治理的基本功能

（一）权力配置功能

公司治理结构的权力配置功能是对剩余控制权的配置。剩余控制权是指使合约有效，当出现合约预期的情况时明确谁有决策权。一般而言，谁拥有资产的所有权，谁就拥有剩余控制权。公司治理结构对这种剩余控制权的配置功能包括两个方面的内容：

（1）所有权同公司治理结构的权力配置。公司治理结构是在既定所有权前提下安排的，所有权形式不同，公司治理结构的权力配置也不相同。如在股权集中情况下，公司治理结构中的所有权决定控制权或者说所有权与控制权结合较紧，而在股权高度分散的情况下，所有权与控制权相分离。在所有权变动情况下（股票市场交易），公司治理结构根据已变更的所有权对公司的权力进行重新配置，这里主要是指公司的控制权。

（2）公司内部剩余控制权的配置，包括公司治理结构对股东、董事和经理人员之间配置剩余控制权，股东拥有最终控制权，董事和经理人员分享剩余控制权。

（二）权力制衡功能

以上已从公司治理的含义和特征的角度对权力制衡的内容进行了阐述。在此只对公司治理的制衡功能作一个简要的概括。公司治理结构是为了制衡公司中各种权力关系而设立的。公司治理结构的核心是明确划分股东会、董事会、监事会及经理人员各自的权力（股东的所有权、董事会的经营决策权、经理人员执行管理权和监事会的监督权）、责任和利益，形成四者之间的权力制衡关系，确保公司制度的有效运行。

（三）激励和约束功能

激励功能是指通过公司治理结构的作用，使代理人除了按照代理契约的要求去完成应该完成的任务外，还能使代理人产生强大的激励，促使其在追求自身利益的同时，能够更好地实现委托人的利益或目标。激励包括货币激励和非货币激励。货币激励又分为短期激励和长期激励。短期激励是用工资、奖金、福利和津贴对代理人予以激励；长期激励是采取如股票期权、购买社会保险等形式对代理人进行激励。非货币激励是指用名誉、地位、在职消费对代理人的工作努力予以刺激。所谓在职消费，是指代理人除货币报酬之外的公司按其职位所给予的优惠待遇，包括权力、豪华汽车、舒适的办公条件、旅游度假等。非货币激励对代理人更具有刺激作用。

约束功能是通过公司治理结构中提供的监督与惩罚机制以及合约关系对代理人行为产生的一种约束力。它主要是防止代理人的偷懒行为和道德风险问题，同时对代理人的渎职行为进行惩罚和制裁。对代理人的约束主要包括三个方面：

（1）所有权约束，它包括两层含义：第一是股东作为公司财产最终所有者，他们通过董事会选择经营管理者或解聘高层经理人员和拥有收益权约束代理人行为。第二是法人财产权的约束。法人财产权包括控制权和剩余索取权，二者应该是对应的，公司拥有控制权就必须拥有剩余索取权，否则利益和风险不对称，公司滥用财产支配权和控制权导致公司利益受损，就应该为其承担风险；反之，公司则应该享有更多的收益。这就是法人财产权约束。

（2）监督机制的约束。它是通过公司治理结构中的监督机制对代理人的行为进行约束，具体来说是通过监事会对董事会和经理人员履行职责的行为进行约束，减少代理人的偷懒行为和道德风险，迫使代理人为委托人利益而努力工作。

（3）对渎职行为的惩罚。惩罚包括扣除工资和奖金、警告以及直至开除等不同程度的处分，甚至终身不得受聘公司高层管理人员等。对代理人渎职行为的惩罚是最严重的约束。

（四）协调功能

公司治理的协调功能是指通过公司治理结构来协调委托人和代理人及其他利益相关者之间的利益关系，使不同利益主体都能尽最大努力为公司工作。在现代公司中，鉴于委托人和代理人以及利益相关者具有不同的利益目标函数，委托人和代理人的利益往往不一致，甚至发生冲突。为了调和他们之间的不同利益矛盾和冲突，公司治理结构是解决这一问题的有效途径，如公司的股东同经理之间的利益不一致，经理给股东利益造成损害时，股东可通过股东大会行使选举权和表决权，任免公司董事会成员、经理和其他管理人员来解决这一矛盾。此外，以上所述的公司治理结构的功能，也在不同程度上暗含着协调功能。

第二节　银行公司治理理论基础

一、商业银行的特殊性

商业银行是金融媒介，是现代经济的核心。它的产品和资本结构相对于其他企业有所不同，其经营牵涉到国民经济全局，影响到整个社会的稳定。因此，有必要先介绍商业银行的特殊性。

（一）商业银行经营目标的特殊性

商业银行从事的基本业务主要是存款、放款、转账结算。商业银行通过以货币的存放款利息之间差额及转账结算收取手续费等进行盈利，现代商业银行的业务有了很大的扩展，中间业务和表外业务种类繁多，积极、全面地为经济活动服务，共同盈利的能力大大增强，可见商业银行也是追求效益最大化。但是同时银行从事的是货币的吸收和发放的特殊企业，相对于其他类型的企业而言，面临着挤兑风险、利率风险、汇率风险、信贷风险、衍生风险等种类繁多的各种风险。随着金融衍生工具的大量出现和金融市场投机机会的增多，商业银行所面临的各类风险在加大。银行的管理层，为了避免银行经营失败甚至倒闭，在追求效益最大化的同时，也在追求风险最小化。于是银行存在双层目标即收益最大化和风险最小化，但是收益和风险一般都是成正比的，也就是说风险越大收益越高，这就构成了一个矛盾体。在风险和收益上，我国商业银行的高层管理者常常处于两难的境地，但管理者的绩效又与银行的收益相挂钩，导致有些管理者为了赢得好的绩效、为公司创造效益不惜从事高风险的业务，这样商业银行就有可能因风险发生面临困难。

（二）商业银行委托—代理关系的特殊性

商业银行存在复杂的委托—代理关系，商业银行的委托—代理关系包括：存款人、股东与银行的关系；贷款人与银行的管理者的关系；监管者与银行的关系等。复杂的委托—代理关系导致了我国商业银行的一些问题：

首先，银行的委托—代理成本较高，委托—代理的链条长。由于银行存在多方面的委托—代理关系，为了维持这些关系，银行就必须为此花费较多的成本。

其次，由于商业银行要处理多种委托—代理关系，而各个利益主体又是一个矛盾集合体，它们都有各自不同的利益目的，因此银行为了满足不同主体的要求，往往会有相互矛盾的行为，这也是商业银行进行经营活动的一个窘境。

再次，由于银行的委托—代理关系所涉及的利益相关者多且复杂，所以各个利益主体都把对商业银行的监管寄希望于其他的利益主体，尤其是中小利益相关者普遍存在着“搭便车”行为，对商业银行来说缺乏有效的监督机制。

最后，由于商业银行涉及的利益很多，银行与股东、债权人、债务人、政府等的信息具有不对称性，这不利于银行及时、准确地获取有效的信息，从而不能及时发现问题和调整自己的经营策略。

（三）商业银行存款保险制度的特殊性

存款保险制度是指国家货币主管部门为了维护存款者的利益和金融业的稳健经营及安全，在金融体系中设立负责存款保险的机构，规定本国金融机构必须或自愿地按吸收存款的一定比率向存款保险机构缴纳保险金进行投保的制度。由此，商业银行的存款保险制度降低了银行的风险，对我国金融体系的稳定有一定的积极作用。但是正是由于存款保险制度的存在，从而降低了外界对银行的监督参与程度。同时，由于存款保险措施的建立，会降低商业银行破产的风险预期，所以，有些管理者就会不再考虑风险而从事高风险的业务，这就是存款保险制度对商业银行的负激励作用。

（四）我国商业银行的历史特殊性

我国商业银行以国有或国有控股为主体，少数地方股份制商业银行的治理结构解决得比较好。近年来，我国国有大型商业银行的治理结构建设也有了很大的进展，在监事会制度的建立和外部审计制度完善的基础上，从2004年开始，中国建设银行、中国银行、中国工商银行相继进行了股份制改造，并且实现上市。但是，在银行公司治理结构建设上还仅仅是迈出了第一步，还有很多工作要做。在2007年全国第三次金融工作会议上，时任总理温家宝对已上市的几家国有银行进一步深化改革提出了具体要求。他指出，"深化改革的关键，是继续完善公司治理，加快转变经营机制，健全有效的制衡机制，强化内部控制和风险防范机制。要深化分支机构和基层改革，做到上下联动，推进新体制、新机制在全行有效运行"。

尽管几家大的国有商业银行率先完成了改制上市工作，初步建立起现代商业银行的治理结构，董事会、监事会、高管层开始独立运作，利益主体各方关系基本理顺。但从全国来看，完善公司治理的任务仍然非常艰巨。尚未改制的银行面临尽快改制的艰巨任务，而已经改制的银行有一个继续完善公司治理的大课题。就一家法人实体而言，各地分支机构的客户服务、风险内控和战略执行的实际水平参差不齐，制度和决策的执行随意性较大，制衡机制不能同等落实。也就是说，离真正意义上的法人治理结构还有很大差距。比如在资本回报、利益体现、风险制约等经营目标约束方面，责权关系不确定；国有控股银行的董事会、监事会还不能充分、有效地行使监督职能作用。在上市公司中，国家拥有高度集中的股权，是最大的控股股东，即"一股独大"的问题，使得大股东委派的董事控制了董事会，造成董事会结构的不健全和公司治理的制衡功能失效，董事会变成大股东会，缺乏多元股权制衡，无法形成对经营管理者的有效约束。

（五）我国商业银行政府管制的特殊性

我国的商业银行受到政府的严格管制和监督。政府为了保证商业银行的正常运转对商业银行实行严格的限制和约束，并制定了相关的管制制度和措施，虽然这能够保证商业银行的存在和发展，但是政府的严格管制降低了外部要素市场竞争在公司治理中的作用，同时也限制了大股东作为监管者在公司治理中的作用。

（六）我国商业银行资产交易的特殊性

商业银行从事的业务主要是货币的信贷，它所接触的主要是存款人和贷款人，而且商业银行与他们的交易主要是通过合同约定的。这样，由于保密性及一些私人的原因，银行的资产交易一般都是不公开的，通常只有存款者或贷款者和银行知道具体信息，但存款者与贷款者并没有直接相关关系，并且对于对方的交易信息双方都不知道。由于商业银行资产交易的非透明性，外界很难获知相应的信息，这样就会产生信息不透明、内部人控制、管理者短期行为的问题。

二、银行公司治理的特殊性

由于银行业与一般企业有显著不同的特征，这决定了银行业的公司治理理论不同于一般的公司治理理论，有其特殊性。下面就从治理目标、内部治理机制、外部治理机制三个方面来说明银行业公司治理的特殊性。

（一）商业银行公司治理目标的特殊性

1. 投资人至上与利益相关者至上

传统的公司治理问题起源于信息不对称环境下公司的管理层与股东分离带来的委托—代理问题。然而商业银行作为国民经济的重要支柱，如果仅仅追求股东利益的最大化而置广大存款人、贷款人的利益于不顾，显然是不合适的。从更广泛的意义上说，商业银行的经营状况直接关系到国民经济的宏观运作，特别是商业银行的风险损失以及由此引发的巨大金融风险会严重威胁社会经济生活的各个方面，所以部分学者主张商业银行的公司治理应更多地考虑利益相关者的利益（李维安、曹廷求，2005；高晓红，2005；孔健，2008）。

商业银行利益相关者的共同治理模式所指的利益相关者包括股东、职员、债权人、贷款人、经营者、政府和竞争者等参与主体。要设计一套机制去满足所有人利益的最大化，在实践操作当中似乎遇到了不少困难。首先，过度强调金融系统的安全性必然会影响未保险投资者监督银行的积极性，不利于提高银行公司治理的效率，从而在根本上不利于保护利益相关者的利益（洪正，2006）。其次，如果企业的控制权由投资者和其他利益相关者分享，这样，诸利益相关者之间利益的不一致将直接表现为企业决策时的严重分歧。而且由于利益主体众多，谈判费用将异常之高、协调过程将异常之艰难，从根本上不利于实现所有利益相关者的利益。最后，在利益相关者保护目标下，经理人缺乏明确的可操作的目标，难以设计出针对经理人有效的激励约束安排（Tirole，2001）。

2. 商业银行利益vs.国民经济健康

由美国次贷引发全球金融危机的最猛烈的阶段似乎已经过去，但现在看来还远未结束。欧债危机持续不断，美国经济复苏艰难。这场危机从侧面反映了金融公司的公司治理结构对金融乃至整个国民经济的重要性。此次金融危机仍在深化中，整个金融体系可能被重新构建，商业银行可能要负起更多的职能（包括投资银行业务）。因此，商业银行所面临的风险增大了，商业银行治理与宏观经济的健康之间的关系增强了。

在这样一个目的背景下，监管应该作为商业银行治理的主要机制。这种监管应该包括有效的政府监督和指导、完备的法律制度、严格的执法机制、完善的市场规则和良好的市场秩序。相比于美国等西方国家，我国的监管更注重从金融业准入门槛出发，设立了非常严格的准入要求和分业经营原则，加之日常经营中很浓的行政色彩的监督措施去防范风险发生。在此次危机中，我们看到行政命令式监管发挥了一定的效力，但在扼杀风险的同时，似乎也扼杀了本该有的创新机制作用。我国的监管主体在一个金融全球化、创新化和经营多样化的背景之下，除了行政命令似乎找不到市场化的手段去解决问题。因此，与西方国家相比，我们在研究监管作为商业银行治理机制时的出发点是不一样的。简言之，西方国家的监管过于随意，任何创新都可以合理地绕过一些法律监管条文的约束。同时，对于微观主体的内部治理基本不涉及监管（如过分的股权激励等），很自然的银行内部人激励的作用加上宽松的外部条件，是很容易催生泡沫风险的。而在我国，监管似乎过于刻板，缺乏弹性的监管制度使得创新速度降低，同时缺乏一些外部资本市场对银行治理机制的约束和纠正。这要求我国在发挥监管作为银行治理的主要机制时，除保证原有一些能够防范风险的强制规定外，要更多地强调监管对建立银行治理机制的作用，如对内部人控制的限制（股权激励的审慎使用），对外部资本市场治理的引导，对债权人治理的代理等。

（二）商业银行内部治理机制的特殊性

1. 我国商业银行股权治理的特殊性——国有大股东治理

公司治理问题的起源是由于所有者和经营者之间的信息不对称，即一般公司治理的理论所期待解决的是在英美模式下的内部人控制问题。而对于我国商业银行而言，内部人控制问题并不是十分严重。因为我国大多数商业银行的股权结构并不像英美国家那样分散。我国大多数商业银行的股权集中度都较高（除了民生银行和浦发银行），且第一大股东几乎都是国有性质（国有股包括国家股和国有法人股），这说明我国商业银行股权治理面临的最大问题不是股权分散下的单纯内部人控制问题而是国有大股东治理以及与之相联系的多层委托—代理问题，这些特殊性同样也是我国国有企业治理的问题所在。

2. 我国商业银行独立董事治理的特殊性——独立董事定位问题

独立董事制度最早起源于英美国家，是为了解决英美股权分散化下的“弱所有者，强管理者”的治理格局而出现的。其独立性的内涵界定于独立于经营管理者。在一般的公司治理当中独立董事制度被认为是比较奏效的治理机制（Weisbach et al.，1998；何卫东等，2002），而将这一内部治理机制引入到商业银行当中，特别是在股权治理方面很特殊的我国商业银行中，是有其治理的特殊性的。

独立董事制度首先要解决的是独立董事的定位问题。定位指的是对“独立性”的界定，即独立董事独立于谁以及与此相关联的其代表谁的利益的问题。在英美国家的公司文化中，独立董事的“独立”是指独立于公司的管理层，而不是独立于股东。在我国商业银行中，国有控股股东才是银行的实际控制者，由于自身目标函数与银行投资者利益最大化之间的不一致，导致他们可能会做出许多损害中小股东利益的举动。因此，独立董事首要且核心的是独立于控股股东；否则，相互制衡的机制将无法形成。在对独立董事的独立性进行明确界定后，紧接着的问题是独立董事应该代表谁的利益。这个问题与股权结构密切联系，在可以预见的时期内，我国商业银行的股权模式不可能演变到英美国家的分散股权模式，控股股东模式依然占据主导地位。因此，我们有理由让部分独立董事完全代表中小股东利益，使中小股东形成一个以独立董事为其代理人（不能否认，其中存在委托—代理问题）的利益集团，从而实质上形成与大股东相抗衡的相对控股关系。另外，商业银行负债率高，独立董事中必须加入存款人声音，这样，债权治理也纳入银行之中，从而形成了内部通过独立董事设置的相对控股股权结构安排，外部债务硬约束相结合的合理的治理模式。这里强调，独立董事无论是代表中小股东的利益或者是代表存款人的利益，其独立性只限于独立于大股东，而并不要求其独立于整个公司（因为从绝对意义上来说，任何人都与银行有着千丝万缕的联系）。

在我国商业银行中，独立董事在董事会中的占比较低，而更为重要的是，我国商业银行中的独立董事都是由大股东提名的，这与上文所分析的独立董事的定位本身存在矛盾。由于大股东所提名的独立董事主要代表大股东的利益，所以这个制度降低了其本身的意义。

（三）商业银行外部治理机制的特殊性

关于商业银行的外部治理，很多文献将其总结为监管是最有效的方式。而从此次次贷危机中我们看到，由于金融企业的信息不对称相比于一般企业更严重，因此政府的监管会遇到时滞等障碍。我们在强化商业银行外部治理时，在坚持监管作为治理的重要部分的同时，必须要在商业银行的常规业务中努力寻求治理的机制。

1. 我国商业银行债权治理的特殊性——债权治理的匮乏

债权与股权的安排不仅仅是一个资本结构的问题，更重要的是一种控制权利的安排，是一种公司治理的方式。对于商业银行而言，有两类特殊的债权人。一类是众多的小额存款人（债权人），保护他们的利益成为存款保险和外部监管存在的主要理由；另一类是大额未保险的债权人，包括次级债、大额可转让存单、金融债券、同业往来的债权人。由于没有存款保险以及优先级别低于小额存款人，这些未保险债权人有可能成为市场监督的重要力量，而安全网（或者存款保险治理或者政府的隐性担保）的存在使小额存款者没有激励去监督，这与一般企业的债务优先级别对经营者的约束作用正好相反。对于第一类债权人的治理分析，许多文献有所涉及。前文对商业银行特殊的资本结构有所论述，商业银行90%以上的资产来源于分散的存款性质的负债，商业银行资本结构的特殊性使得即使一个大的机构存款者其存款的份额也只占银行存款总额的极小比例，银行的绝大部分存款人既没有积极性，也没有能力和足够的信息去监督银行和对银行施加额外的控制，这使得在商业银行的公司治理中债权约束的作用甚微，也不存在一般公司治理的银行外部监督。由于“搭便车”问题的存在，众多的储户好比证券市场中众多的中小股东一样（当然，它们的性质并不完全相同），既缺乏相应的治理信息，也缺乏参与治理的动力。这是监管作为主要治理机制存在的重要原因，这里不再赘述。

笔者认为，债权治理机制能够发挥作用的关键是要看第二类债权人的行为。第二类未保险的大额债权人应该像一般公司治理中的大债权人——银行一样，对企业的经营管理起着重要的作用。一方面，因为他们是大额债权人，他们应该有激励和动力去约束银行的行为；另一方面，他们都是具备一定实力的集中机构债权人，他们有能力去监督银行的管理经营。而对于我国商业银行而言，缺乏的正是这一类的债权人治理，再加上第一类债权人参与治理的客观约束，使得我国商业银行债权治理的最大特征是债权治理的缺失。

2. 我国商业银行产品市场治理的特殊性——贷款人治理

目前，由于金融产品的创新速度有限，我国商业银行的主要利润仍然来自存贷款。而由于我国商业银行的国有（占绝大比例）特征（习惯于为国有大企业服务）以及风险责任的追究制度（为国有企业放款失败的责任要大大少于为民营企业放款失败的责任），因此，养成了大企业偏好。所以一般我国商业银行的贷款集中度都比较高。针对这些特点，我国商业银行应该接受来自贷款人的治理。实际上贷款人对银行的关心不只是资金的可得性，还包括与贷款相关的其他服务，如咨询服务、贷款出现问题时的重组服务等。因此，贷款人也可以对银行实施一定的约束。也就是说，在目前其他产品的治理约束不能够发挥作用的条件下，主观刻意地培养这部分商业银行的治理主体是现实的选择。

要发挥贷款人的治理作用，首先，要弱化银行对贷款人资金的决定性作用。在企业看银行脸色说话的情况下，企业是不可能对银行的经营管理指手画脚的。因此，应该大力发展企业债券市场，减少企业对银行的资金依赖，只有银行开始意识到“企业客户是上帝，资金这个产品也是存在竞争的”，企业贷款人才有机会加入到银行的治理当中。其次，要重视商业银行的业务创新。除了一般存贷业务外，商业银行应该积极开展与企业密切联系的“一揽子”金融服务（如发债担保和企业债券发行），让企业贷款人有渠道进入到银行的治理当中。

三、银行公司治理原则与标准

随着经济实践的发展，公司治理逐渐成为企业管理制度上具有普遍意义的全球性课题。一系列的公司倒闭事件使人们越来越深刻地认识到，在所有权与经营权分离的条件下，仅依靠公司的组织机构并不足以形成良好的监督，建立完善的公司治理机制非常必要。

在 20 世纪 90 年代，美国、英国等许多国家和一些国际组织相继提出了与公司治理有关的研究报告和规则体系，并逐步形成了一些公司治理的国际准则。其中，经济合作与发展组织（OECD）1999 年推出的《OECD 公司治理原则》最具代表性。具体到金融领域，持续的金融自由化和全球化在促进金融市场繁荣发展的同时，也产生了许多新的问题。20 世纪 80 年代以来，银行问题以及更为严重的金融危机此起彼伏，这些都使得商业银行的公司治理问题越来越受到关注，尤其是几年前发生的亚洲金融危机进一步加深了人们对这一问题的认识。1999年，巴塞尔委员会发布了《加强银行机构的公司治理》，使商业银行的公司治理成为全球性的课题，同时也成为理论界和金融界关注的焦点问题。

（一）OECD公司治理原则

OECD是“经济合作与发展组织”的简称。该组织目前有多个成员国，包括英、美、法、日等市场经济发达国家，其产值占全球总产值的60%，是协调经济和社会政策的政府间国际组织。1995年，我国建立与经合组织对话合作关系。2002年，我国成为该组织科学技术政策委员会的观察员。实践的发展使越来越多的经济决策者认识到：建立有效的公司治理是现代市场经济体制有序、高效运行的微观制度基础。1999年，OECD公布《关于公司治理原则》，其已经被政策制定者、投资者、公司、利益相关者等参与者广泛关注。随着环境的变化、有关公司治理新事件的不断发生，公司治理面临新的挑战。为此，自2002年开始，OECD就如何有效保证公司治理原则的实施，包括如何发挥董事会决策的独立性、如何强化股东的知情权、如何强化审计独立性、如何提高所有权结构的透明度等问题进行了全球性的调查和磋商，最终于2004年4月公布了《OECD关于公司治理原则》（修订版）。与1999年版相比，在四个方面取得了新进展：

（1）进一步完善了公司治理的原则。增加了“确保有效公司治理框架的基础”，着重阐述了政府在为公司治理制定整体的制度和法律框架方面应该发挥的作用，提出政府在倡导和建立公司治理监管框架时应遵循的原则，包括建立公司治理原则的贯彻和执行机制，如何建立公司治理参与者的权利保护机制，如何防止过度监管所带来的成本加大等。

（2）强化了对股东权利的保护。主要从四个方面增加了股东的权重：①高管人员的薪酬政策应由董事会确定、公布，并与高管的长期业绩相挂钩。股东有权知道董事会成员和高管的薪酬政策，任何股权性的薪酬均应由股东同意。②股东有权更换董事会成员，有权参与董事会成员的提名和选举。③作为受托人的机构投资者，要公布其自身的公司治理政策、投票权的执行方式，以及当其面临利益冲突时如何实施投票权。④任何影响跨境投票的障碍应被消除。

（3）更加关注利益冲突问题的解决。在1999年版强调对利益冲突进行披露的原则基础上，2004年版公司治理原则要求有利益冲突的人要声明其处理利益冲突的方式。另外，新版本还关注了新兴市场中普遍存在的大股东和小股东之间的利益冲突问题，并做出以下新的调整与补充：①要求了解公司经营状况的评级机构和分析机构，在提供公司信息时，合理处理利益冲突问题；②强化审计责任，明确审计要向董事会负责；③强化审计的独立性，强化审计在管理、降低潜在的利益冲突时应采取的步骤；④更加关注对小股东利益的保护，提出“对于来自控股股东直接或间接的损害，小股东的利益应该受到保护，并提供有效的补偿”。

（4）进一步强调董事会的责任。①强调董事会在建立较高公司伦理标准、遵纪守法、监督内控和财务报告体系方面的职责。②强调董事会的独立性，不仅表现在独立于高管，而且要与控股股东保持相对的独立。③强调对关联交易、董事会下设委员会的决议、会议程序和构成等问题的信息披露。

（二）ADB公司治理评价标准

ADB是“亚洲开发银行”的简称，该组织通过向亚太地区发展中国家（地区）提供项目贷款和技术援助，促进和加速本区域的经济合作，是亚洲、太平洋地区的区域性政府间国际金融机构，目前有多个成员国，我国是成员国之一。

ADB的两位专家阿尔文德·马瑟和吉米·伯汉提出了CAMEL-IN-A-CAGE的12项银行公司治理标准，其具体含义如下：

CAMEL：通过评估银行的资本充足率（Capital Adequacy）、资产质量（Assetquality）、管理（Management）、收益水平（Earning）和流动性（Liquidity）来判断银行的状况。

IN-A-CAGE分别代表：

I——独立的，如何保证董事会的独立与客观？

N——提名委员会（Nominating Committee）。提名委员会是否选择最称职的董事候选人？选择的标准是什么？董事是否具有对董事会和银行有帮助的能力、经历和品德？董事与总经理的任命是否受政府官员的影响？提名委员会是否杜绝了裙带关系的影响？

A——审计委员会（Audit Committee）。审计委员会是否有效？

C——酬薪委员会（Compensation and Compliance Committee）。工资待遇是否能够吸引到最好的人才？工资待遇是否根据资产回报率而变化？

A——责任与透明度（Accountability）。董事会是否考虑并体现出对全体股东的责任感？对小股东是否公平？是否有有效的议事程序以避免利益冲突？董事会是否有道德指引？

G——公司治理委员会（Governance Committee）。银行是否构建了公司治理委员会？是否与国际惯例接轨？是否订立了对董事的要求？

E——评价、效率与培训（Evaluation、Effectiveness and Education）。是否有对董事会、董事和总经理的评价机制？董事会的效率如何？董事是否是“橡皮图章”？董事会是否经常召开，时间是否充分？董事是否接受关于影响银行状况的教育与指导？

（三）巴塞尔银行监管委员会关于银行公司治理的标准

巴塞尔银行监理委员会简称巴塞尔委员会，是由美国、英国、法国、德国、意大利、日本、荷兰、加拿大、比利时、瑞典十大工业国的中央银行于 1975 年底共同成立的，作为国际清算银行的一个正式机构，以各国中央银行官员和银行监理当局为代表，总部在瑞士的巴塞尔。

巴塞尔委员会本身不具有法定跨国监理的权力，但因该委员会成员来自世界主要发达国家，影响大，一般仍预期各国将会采取立法规定或其他措施，并结合各国实际情况，逐步实施其所订监理标准与指导原则，或实务处理相关建议事项。在“国外银行业务无法避免监理”与“适当监理”原则下，消除世界各国监理范围差异是巴塞尔委员会运作追求的目标。

巴塞尔银行监管委员会虽不是严格意义上的监管国际组织，不具备任何凌驾于国家之上的正式监管权限，其所制定的文件也不具法律效力，但它对国际银行业有着非常重要的影响。自 1997 年的东南亚金融危机之后，巴塞尔银行监管委员会陆续发布了若干关于银行公司治理的专题性文件，主要包括《利率风险管理原则》、《银行机构的内部控制体系框架》、《增强银行透明度》、《信用风险管理原则》（征求意见稿）和《加强银行公司治理》。这一系列专题性文件提出了商业银行治理结构的重要性，构成了“巴塞尔”银行公司治理体系。

1997 年 7 月，巴塞尔委员会发表了《信用风险管理原则》。它指出银行应管理所有业务的信用风险，并提出五类十七条信用风险管理原则作为银行及主管机关监理指南。强调建立适当信用风险管理环境，督促银行在安全稳健的授信程序下作业，督促银行维持妥善的信用管理、风险衡量和监控系统作业，确保涉足信用风险控管，并规定了金融监管机构角色。

1997 年 9 月，巴塞尔委员会通过了《利率风险管理原则》，规定了商业银行稳健利率管理的基本原则，即董事会和高级管理层要对利率风险实行妥善监控；制定适当的风险管理政策和程序；建立科学的风险计量和监测系统；完善内部控制制度并接受独立外部审计。

1998 年 9 月，巴塞尔委员会通过了《银行机构的内部控制体系框架》。其所制定的银行内部控制的 13 项原则，反映了在内控建设方面新的国际发展趋势。

1998 年 9 月，巴塞尔委员会通过了《增强银行透明度》报告。该报告阐述了透明度在市场约束、增强金融系统安全和稳定中的作用，分析了公开信息披露的潜在弊端，确定了透明度信息质量特征，并就如何提高银行透明度提出了一整套建议。该报告是委员会关于信息披露方面的一个纲领性文件，对公开信息披露和监管信息规则的制定均具有指导意义。

1999 年 9 月，巴塞尔银行监管委员会发布了《加强银行公司治理》专门文件，进一步强调公司治理问题在银行经营管理及金融监管中的重要性，给出了强化银行公司治理的指导性意见。其主要内容包括两个方面：

（1）无论银行的组织形式如何，都能实施完善的公司治理。

（2）确保适当的控制和平衡的重要监督。任何银行的组织结构中都应该包括以下四种监督形式，以确保适当的控制和平衡：①董事会或监事会；②参与日常业务经营的人员；③不同业务领域内的直线监督；④独立的风险管理和审计职能。

巴塞尔银行监管委员会发布《加强银行公司治理》这一专门文件的目的是强调公司治理对银行的重要性，提请银行和监管当局对公司治理的一些新问题予以关注。它重点强调了“作为公司治理结构的策略和技术”，并指出健全的公司治理结构的八项标准：①公司的价值、行为准则以及其他适当的行为标准，同时要以制度保证以上方面得到遵守；②具有明确的公司战略，并以之衡量企业的成功以及个人做出的贡献；③决策机构的明确分工与责任的明确配置；④在董事、高级管理人员和审计人员之间建立合作和相互影响的机制；⑤强有力的内部控制体系，包括内部和外部审计、独立于行业的风险管理以及其他制衡制度；⑥特别关注暴露出的风险，其中利益冲突可能特别激烈，包括与银行有密切联系的借款者、大股东、高级管理人员或公司中关键决策者之间的经济关系；⑦以酬金、晋升及其他认可方式，为高级管理人员、员工从事得体的活动提供资金和管理激励；⑧适当信息在银行内部以及外部的流动。

巴塞尔银行监管委员会的《加强银行公司治理》是迄今为止接受范围最广，影响力最大的银行公司治理文件。它扩大了银行公司治理的内涵，涉及战略目标、银行价值体系、内部控制、薪酬体系和经营管理方面的内容，而在一般企业的公司治理研究中，往往仅涉及董事会与经营团队，至于具体的战略与经营等问题并不涉及。这从另一个侧面反映了银行公司治理的特殊性。《加强银行公司治理》也强调了外部董事的作用，认为这些成员能够从其他行业带来新的视角，这些新视角可能会为管理机构制定战略提供指导。在银行面临经营压力时，合格的外部董事可以为经营管理提供专业性意见。再如对董事会与经营班子职权的界定，指出不明确或者混乱交叉的职责界定可能导致过慢或者不积极的反应而使银行问题更加严重。

2004 年 6 月，巴塞尔银行监管委员会公布了《新资本协议》框架，代表了发达国家商业银行逐渐完善的风险管理最佳实践经验，代表了监管理论中的先进理念。目前，有 88 个非巴塞尔银行监管委员会的国家（或地区），包括非洲、亚洲、加勒比海地区、拉丁美洲、中东和非巴塞尔监管委员会的欧洲国家（或地区）准备实施新资本协议，而且大部分国家也制定了在 2009 年前实施新资本协议的规划。加上巴塞尔委员会成员国，计划实施新资本协议的国家已超过 100 个。

第三节 商业银行公司治理的理论分析

商业银行公司治理结构包括银行的外部公司治理结构和银行的内部公司治理结构。银行的外部公司治理结构主要指充分竞争的市场环境（包括收购和兼并市场，银行家经理人市场等），政府的监管和法律环境等。银行的内部公司治理结构包括银行的股权结构、资本结构、制衡机制、激励机制、决策机制、授权机制和信息披露机制等。由于外部治理机制的作用有限，商业银行治理机制的设计应偏重内部治理机制，本章结合中国商业银行的实际情况，重点关注股权结构、引入境外战略投资者、信息披露机制以及董事会独立性四个方面。

一、股权结构

股权结构是指银行各种股权所占的比例及其相互关系，包括股权持有者结构、股权集散结构、股权种类结构和股权流通性结构等方面。股权结构决定公司控制权的分布，决定所有者与经营者之间委托代理关系的有效性。

我们提出以下模型，通过对银行自身和银行大股东不同的收益函数和约束条件的分析，说明股权结构在商业银行治理结构中的重要作用，良好的银行治理结构要避免“一股独大”的情况，各种股东相互之间要有一定的制衡。现代的银行信用风险理论将资产组合理论（MPT）应用于贷款组合方面，银行的收益函数和约束条件如下：

$$\text{Max：} Rp = \sum_{j=1}^{n} R_j W_j \tag{2-1}$$

$$\text{Subject to：} \bar{\delta}^2 = \sum_{j=1}^{n} W_j^2 \delta_j^2 + \sum_{i=1}^{n}\sum_{j=1}^{n} W_j W_i \rho \delta_i \delta_j \tag{2-2}$$

式中，Rp 表示贷款的平均收益率；R_j 表示第 j 项贷款的收益率；W_j 表示第 j 种贷款占贷款组合的比率；$\bar{\delta}^2$ 表示贷款组合的收益率的方差；δ_j^2 表示第 j 种贷款的收益率的方差；ρ 表示第 j 种贷款和第 i 种贷款的方差的相关系数。

通过构造拉格朗日函数求出均衡解，容易证明，在理论上该均衡是稳定的。该理论表明，在完善的公司治理结构下，在给定风险的条件下，银行将追求信贷组合收益率的最大化。

进一步，我们考虑银行的大股东的投资行为。假定在大股东的资产组合中，包含 m 种资产，第 i 种资产在资产组合中所占的权重等于 X_i。令第 1 种资产构成了大股东对民营银行的股权，那么大股东持有的其他资产所占的比例为 $1-X_1$。根据 MPT 理论，银行的大股东的投资行为的收益函数和约束条件如下：

$$\text{Max：} Rv = \sum_{i=1}^{m} R_i W_i \tag{2-3}$$

$$\text{Subject to：} \bar{\delta}^2 = \sum_{j=1}^{n} X_i^2 \delta_i^2 + \sum_{i=1}^{n}\sum_{j=1}^{n} X_j X_i \rho \delta_i \delta_j \tag{2-4}$$

式中，Rv 表示投资的平均收益率；R_i 表示第 i 项投资的收益率；W_i 表示第 i 项投资占贷款组合的比率；$\bar{\delta}^2$ 表示投资组合的收益率的方差；δ_i^2 表示第 i 项投资的收益率的方差；ρ 表示第 j 项投资和第 i 项投资的方差的相关系数。

国家作为银行的大股东，为了获得 Rv（投资的平均收益率）最大化，可能放弃 R_1 最大化的目标。因为银行的收益率与国家其他资产的收益率可能是负相关。例如，政府可能会要求银行贷款给一些风险很大的国有企业。同时，在国有控股的情况下，国家的目标函数还包括社会稳定、降低失业率、解困国有企业等，这与银行自身的目标函数不一致，所以会出现银行贷款给亏损的国有企业，让其能给职工发工资。而且，在国有经济中比重较高和国有银行主导信用市场的情况，总体上，银行贷款的收益波动率与国有企业的收益波动率具有正相关性。所以，国家大量投资银行，并不能很好地降低投资组合的风险，即不能降低目标函数（2–4）的限制条件。

同样，如果公司作为银行的大股东，为了获得 Rv（投资的平均收益率）的最大化，可能放弃 R_1 最大化的目标。例如，大股东会要求银行贷款给自己的下属公司，用下属公司的收益来弥补投资银行的损失。以上推导表明，在良好的银行治理结构中，各个股东之间要有一定的制衡关系。

二、引入境外战略投资者

我国国有商业银行引入的境外战略投资者为维护自身的权益，会派出董事参与董事会的决策和监督，形成有效的制约机制，并派出一些经验丰富的专业人员，帮助中资银行完善公司治理结构。

此外，国有商业银行引进的境外战略投资者，一般都具有丰富的产品创新经验、先进的业务管理系统和高效的市场营销技术。与其建立合作伙伴后，可以享有这些创新的成果和经验，提高业务竞争优势，扩大优质业务的市场份额。同时，随着中国经济的快速发展，客户需求的个性化、国际化和服务多样化趋势日益明显，国有商业银行通过与境外金融机构强强联合，进行优势互补，可根据客户的金融需求进行针对性营销，不断扩大高端客户的市场份额，促进各项业务既快又好地发展。

引进合格的境外战略投资者是互利双赢的安排。中资银行业在改革重组过程中引进战略投资者，目的不在于“引资”而是“引智”。目前，这些境外战略投资者除国际金融组织外，主要是一批国际知名商业银行。从参股中资银行的前后变化看，境外战略投资者在改进中资银行的公司治理结构和机制方面，在引入先进的绩效与成本管理模式方面，在促进经营方式与盈利增长模式转换方面，都不同程度地发挥了积极的作用。

境外战略投资者还将根据有关协议，对参股商业银行的公司治理和内部组织结构设计、市场营销、客户关系、产品开发、银行风险控制、绩效考评等多方面提供援助。这些都有助于中资商业银行全方位提高竞争能力和持续盈利能力，改善客户服务。

三、信息披露机制

商业银行信息披露指商业银行依法将反映其经营状况的主要信息，如财务会计报告、各类风险管理状况、公司治理、年度重大事项等，真实、准确及时、完整地向商业银行投资者、存款人及其他利益相关者予以公开的过程。

由于银行的委托—代理关系复杂，从而造成了更多的信息不对称问题。其中，信贷市场中的信息不对称问题是交易之前的“逆向选择”和交易之后的“道德风险”。将银行作为研究主体来看，在信息不对称的情况下，“逆向选择”意味着存款人和投资者可能存款或投资于一家经营状况不佳的银行，“道德风险”则意味着银行出于自身盈利的目的可能会将存款投入高风险项目，或者经营者为了个人目的而损害银行的行为，两者都将导致存款人和投资者的利益受到损害。

信息披露是解决信息不对称负面影响的主要手段之一。一般来说，在不考虑外在的或者隐含的存款保险制度的条件下，银行资产负债表、损益表等信息的公开披露有助于促使存款人监督银行的表现，对银行形成外在约束，从而降低信贷市场中日益严重的风险动机。信贷市场中的众多银行由于竞争关系并没有共享信息的激励，银行信息共享也没有实质性的行动，因此要银行主动地向同行或者外界提供自身的经营信息都是不可能的。对银行来说，披露自身信息是有风险的，这可能会增加筹资成本；对盈利也是不利的，竞争对手会获得自己的经营管理情报。但是对存款人、金融体系和整个经济社会的安全来说，银行信息的披露是合理和公平的，而且是非常必要的。经济体系中的任何个人或者集团都不能为了维护自身利益而使他人受到潜在的侵害。各国货币当局都一致同意公开发布金融信息的重要性。直观地看，获得有关信息的投资者可以对商业银行进行有力的约束，他们通过向银行要求与其风险相对应的存款回报来“惩罚”银行的高风险行为。

银行信息披露是关系到金融系统安全与稳定的重大问题。加强商业银行信息披露既是严格监管、保护利害关系人利益的外部要求，也是银行规范运作的内在必然。一方面，公司治理的框架直接影响信息披露的要求、内容和质量；另一方面，信息又是影响公司行为，保护投资者的工具，信息披露制度完善与否本身是公司治理成败的体现。

四、董事会独立性

中国人民银行发布了《股份制商业银行独立董事和外部监制度指引》（以下简称《指引》），针对银行独立董事作了特别的规定，对独立董事的任职资格、产生、任职和免职，独立董事的权利和义务等问题作了较为全面的规定。但从目前上市银行公司独立董事人员结构、任职情况和作用发挥的实际状况来看，独立董事独立性的发挥还有待于进一步提高。

独立董事比例高的公司，对经理人的监管能力更强。同时，独立董事还具有保护外部中小股东利益的职责，当公司内部人可能侵占外部中小股东利益时，独立董事应该发挥其职责，保护中小股东利益，体现市场公平。

中国证监会颁布的《关于在上市公司建立独立董事制度的指导意见》（以下简称《指导意见》）确定上市公司董事会成员应当有三分之一以上的独立董事。但从目前董事会治理实践来看，在董事会集体决策机制下，独立董事依然很难在董事会进行决策时施加影响，成为董事会中的弱势群体，话语权依然牢牢把握在内部董事手中。

独立董事在董事会中所占比重，只能表明董事会形式上的静态的独立性，而独立董事能否独立地发表意见和做出独立判断才是其实质独立性的体现。目前，我国股份制商业银行独立董事实质的独立性发挥还存在一些障碍，独立董事由于不能独立、信息了解不全面或无暇顾及等原因而降低实际的监督作用，有的被批评为“花瓶董事”。究其原因有以下几个方面：独立董事的产生机制受内部人控制；独立董事职责未能科学界定；对独立董事的专业性要求不够；独立董事的工作时间不充足等。

第四节 本章小结

对于公司治理笔者有进一步的认识，上市银行公司治理的核心主要包括四个方面：一是股权结构的状况；二是境外战略投资者的引入情况；三是信息披露的状况；四是董事会独立性的状况。这些是公司治理的核心组成部分，因此，这四个方面的优劣将对我国银行业公司治理的绩效产生重要的作用。

上市银行公司治理的理论主要包括：股权结构的理论；授权、制衡机制与决策机制理论；信息披露机制。

第三章　商业银行公司治理模式国际比较

前面对银行公司治理理论基础进行了介绍，本章将对银行公司治理模式进行分析。国际银行公司治理模式包括英美治理模式、德日治理模式、东南亚治理模式和转型经济治理模式，本章对这些模式的特点进行了介绍和比较，在此基础上，对商业银行公司治理发展趋势进行了分析。

第一节　英美治理模式

英美模式，又称盎格鲁—撒克逊模式，主要是按英美法系的基本要求订立公司法的国家普遍实行的一种银行公司治理结构模式，也称为新古典式公司治理模式、市场监控模式、市场主导模式。采用这种模式的国家主要有美国、英国、澳大利亚、加拿大等国。这种模式的特点主要表现在：

（1）在银行股权结构中，机构持股者占主体，股权高度分散化，并且流动性强。银行治理结构依赖银行运作的高度透明和相应完善的立法及执法机制。由于股权分散，中小股东在银行决策中所能发挥的作用十分有限，不足以对银行管理产生压力。在美国，目前最大的法人股东是机构持股者，如退休基金、信托机构、人寿保险公司、共同基金以及各类基金会和慈善机构等。其中退休基金的规模最大，信托机构次之。第二次世界大战后，美国机构投资者的持股比重仅为10%多，20世纪70年代中期达到30%左右，80年代中期进一步上升到40%，进入90年代，情况发生了根本改变，机构投资者持股比重已超过个人股东而居优势，在个别大银行中的持股率甚至高达70%以上。

（2）以银行股东价值最大化为治理目标。在英美模式中，股东是银行的所有者和剩余索取者，银行存在的根本目标是为股东创造价值，其公司治理就必然遵循“股东至上”逻辑，以股东控制为主，而银行的其他利益相关者所获得的主要是固定报酬。

（3）以资本市场为主导的外部控制机制高度发达。由于有高度发达的资本市场的存在，且公司的股权高度分散，股东对公司经营管理的影响很弱，通常不直接干预银行运营，而更关心股票市场的涨落，通过改变所持股票的组合，以股票买卖的形式参与银行重大问题决策。对经营者管理不善的惩罚通常是卖掉股票（用脚投票）以及随之而来的恶意收购。通过这些来自公司外部的力量，能对业绩不良的经营者产生持续的替代威胁，不仅有利于保护股东的利益，而且也有利于以最具生产性方式分配稀缺性资源。但易导致经营者的短期行为，过分担心来自市场的威胁，缺乏内部直接监督约束，经营者追求企业规模的过度扩张行为得不到有效制约。

（4）采取激励性薪酬计划。美国企业薪酬计划的核心是将管理层的个人收益和广大股东的利益统一，从而使股东价值成为管理层的决策行为准则。根据这一思想，美国银行管理层的酬薪一般包括以工作表现为基础的工资，以财务数据为基础的奖金，以股票表现为基础的股票期权及以服务年限为基础的退休计划。其中，行使期权计划的收入成为管理层薪酬的主要来源。

第二节　德日治理模式

德日模式，又称日耳曼模式，股权集中在银行和相互持股的企业手中，企业融资来源以银行系统为主，主要通过公司内部的直接控制机制对管理层实施监督。其特点是：财团、银行持股、大股东监督、集体决策以及高级管理人员的终身雇用。主要是根据欧洲国家大陆法系，强调公司应平等地对待股东和雇员。与英美等国主要依靠公司外部的力量对管理层监控不同，德日模式主要以公司大股东的内部监控为主，外部市场尤其是公司控制权市场的监控作用很小，有关信息披露、内幕交易的控制、小股东权益保护的法规也不如英美等国完善。因此，这些国家一般侧重于公司的内部治理，较少依赖证券市场“用脚投票”的外部治理机制。采用德日模式的国家有德国、日本、瑞典、比利时、挪威等国。虽然德日都属于“银行导向型”的内部治理模式，但两国在公司治理结构中又存在一些差异。德日模式的特征主要表现在：

（1）企业融资以股权加债权相结合，并以间接融资为主，资产负债率较高。在德日的大多数公司中，90%的公司属于有限责任公司，大企业则大多数是股份有限公司，银行作为债权人既为公司提供贷款，又是公司的股东，银行兼债权人和股东为一身，其资产负债率大大高于英美等国。

（2）在股权结构中，法人之间交叉持股，法人和银行是股份公司最大的股东，股权集中程度较高。德国是全能银行的典型，商业银行可以经营包括各种期限和种类的存贷款、各种证券买卖以及信托保险等一切金融服务，银行持有公司股票在10%以上，并且掌握着股票的代理权；在日本，银行则实行主银行制度，企业与银行之间形成了长期、稳定、综合的交易关系，与企业形成这种关系的银行就是主办银行，银行持有公司股票高达 20%左右。

(3) 以债权人及利益相关者作为公司治理目标。由于企业融资结构以股权加债权相结合和以间接融资为主，其公司治理必须遵循“利益相关者”逻辑，形成了股权与债权共同控制公司。

(4) 外部治理机制较弱，以内部控制即“用手投票”机制为主。德日银行对公司治理的参与主要表现为：一是作为债权人通过向企业提供短、中、长期贷款而形成对公司财务压力，并及时进行相机治理；二是银行作为企业的大股东，以持有公司的股票直接参与公司内部治理。可以看出，德日银行通过债权和股权共同参与公司内部治理，由此形成了银行导向型的公司治理模式。

(5) 采取经营者年薪制和年功序列制的激励机制。经理的报酬设计主要是年薪而非股票和股票期权制。以日本为例，主要是通过年功序列制度的刺激实现对经理人员的有效刺激。所谓年功序列制，是指经理人员的报酬主要是工资和奖金，奖励的金额与经理人员的贡献挂钩，公司经营业绩越显著，经理人员的报酬就越高。这种激励制度还包括职务晋升、终身雇用、荣誉称号等精神性激励为主，不是短期利润增长和股价上扬，而是更着重于结合公司的长期目标绩效。

综上所述，德日模式的优点是：银行直接“用手投票”的有效控制机制可以在不改变所有权归属的前提下将代理矛盾内部化；管理失误可以通过公司治理结构的内部机制加以纠正。缺点是：缺乏活跃的控制权市场，无法使某些代理问题从根本上加以解决；证券市场不发达，企业外部筹资条件不利，企业负债率高等。

第三节　东南亚治理模式

在韩国和东南亚地区，银行股权都集中在家族手中，控制家族一般普遍地参与银行的经营管理活动，因此，银行治理结构的核心问题就从管理层与股东之间的利益冲突转化为家族控股大股东、经理层和广大小股东的利益冲突，即强家族大股东、弱经理层、弱小股东。该地区深受中国传统的儒家文化的影响，奉行“中庸之道”，强调“和谐”。这种家族控制型的银行公司治理结构模式的特点为：

（1）家族型的股权集中结构。在韩国和东南亚的家族企业中，银行股权集中在家族手中，家族成员控制企业的股权。企业的初始所有权由单一创业者拥有或参与创业的兄弟姐妹共同拥有，或由合资创业的具有血亲婚缘的家庭成员共同控制，然后顺延传递给创业者的第二代或第三代家族成员，并由他们共同控制；原本处于封闭状态的家族企业改造上市后，形成了家族企业产权多元化的格局，但仍然主要由家族成员控制。这就使委托—代理成本极低。家族型企业的所有权与经营权分离清楚，但是，所有权与控制权又是高度统一，家族型的大股东能够对银行的运营施加直接有力的影响。

（2）持股具有强稳定性，往往采取“参与制”方式持股。股东持股的目的主要是对自己的投资行使直接的控制权，并非通过买卖股票差价而获取投机收益，因此，持股具有很强的稳定性。此外，家族型大股东往往采取“参与制”方式持股，以自己直接开办并能够掌控的股份公司作为“母公司”，购买其他公司的股票从而达到控股目的，使其成为“子公司”，如此逐级控制，形成了一个庞大的家族型金融王国。

（3）权力制衡机制。韩国和东南亚的家族型银行也设立股东大会、董事会、总经理等经营管理机构。家族型的大股东往往支配着股东大会、董事会，重大决策均由大股东亲自参与做出，公司董事会全面负责这些决策的落实和贯彻，经理只负责公司的日常管理事务。由于家族型大股东持股相当稳定，资本市场治理机制对银行的运营与管理的影响并不是很大，因此，对职业经理层的约束主要来自银行内部强力的董事会。

（4）独特的激励与约束机制。家族企业不但把儒家“和谐”思想用于家族成员的团结协作上，而且将其用于企业管理上，在整个企业中营造一种大家庭的氛围，使雇员产生一种归属感和成就感，提高了企业所有者、管理层和雇员之间的亲和力和凝聚力，有效激励了经理和雇员的工作热情，同时也增强了雇员对企业的忠诚度和约束力。

（5）政府对商业银行的发展有较大的制约。由于多数家族企业为能在当地站稳脚跟，多数银行主动寻求政府的庇护，与官僚机构关系密切，政府对家族企业的干预也比较多。

第四节　转型经济治理模式

转型经济治理模式是苏联和东欧等转轨经济国家特有的、尚未成熟的、综合型治理结构的一种模式，又称内部人控制模式。银行既缺乏股东的内部控制，又缺乏公司外部治理市场及有关法规的监控，从而导致银行的经理层和职工成为实际控制人。这种银行公司治理的特点如下：

一是银行公司的剩余索取权与控制权结合失当，内部人控制过度，股权与资本脱节，委托和代理一体，管理与经营失衡，结果是银行无效率运行。这样的公司治理有明显缺陷，如内部人控制（Insider Control）问题突出，经理人员在事实上或法律上掌握了银行的控制权，其利益在银行战略决策中得到了充分体现。

二是私有化后出现长期的低效率。推行私有化的初衷是克服国有企业的低效率，然而在私有化后相当长的时期内，私有化的企业并没有显示出更高的效率，在很多领域还不及原来的国有企业。私有化方案的急于求成，使私有化迅速演变成权力部门与企业官僚共同摄取企业控制权的运动。内部人主要不是依靠提高企业的效率来获取收益，而是依靠窃取公司财产来获取收益。法制的不健全使公司增加价值也未必能够得到保护。经理人对私有财产的确定性和持久性普遍持有怀疑的态度，进一步助长了投机风气。

三是私有化后出现封闭型的公司治理。当内部人行使自己的权利而相互妨碍时，公司的资产就浪费在“反共同体的悲剧”（Tragedy of the Anticommons）。如果互相竞争的内部人集团彼此鼓励否决股份价值最大化的决策，或者如果集结和协调内部利益以达成决策的成本太高，那么资产就会浪费在低价值的利用里。同时，这样的公司治理严重阻碍了企业内外的交流，使得企业内外部的信息非常不对称，企业筹资和引进新的战略投资者都将遇到巨大的困难，使得公司成为相对封闭的公司。对政府而言，需要花费巨大的成本重建企业的信用和社会的信用体系。东欧转型国家的银行通过引进外资获得了效率方面的成功，但失去了对银行业的控制权，成为外资银行主导的银行治理。

第五节　商业银行公司治理发展趋势

近年来，随着经济金融全球化进程的加速，各国商业银行公司治理模式出现了融合的相互趋势。英美模式国家股权结构由分散向集中转变，机构投资者开始成为主导性的投资者，逐步加大“用手投票”的力度。德日模式股权结构集中的趋势开始放松，逐步吸收“用脚投票”的合理内核，开始重视“外部监控”的作用。特别是 20 世纪 90 年代以来，日本和德国经济衰退，促使人们反思交叉持股等治理结构的弱点，着手弥补日德模式的关键性缺陷——加强可竞争性，弱化银行对企业的直接控制，交叉持股的数额减少，长期以来一直较为稳固的相互持股关系正在发生松动，不再无原则期求公司经济关系的稳定。家族控制模式国家愈来愈注重股权的分散和外部化，重视中小股东及外部股东在公司治理中的作用。转轨经济模式国家在经济体制改革过程中，放松政府对企业的直接干预，强调市场和机构投资者的监督作用等。总体而言，主要有以下几个趋势：

（1）更加重视机构投资者在银行公司治理中的作用。机构法人股东持股比例日益上升，而且具有相当的稳定性。由于机构投资者持有股份过多，难以在短期内找到买主，大量抛售也会使自身蒙受更大损失。因此，机构投资者逐渐向长期投资者转化，并借助投票机制直接参与公司治理以保证其权益不受损害，也促使经理从长远角度进行决策和管理，以谋求长期目标利润的最大化，即西方称为“积极干预”的股东价值运动。一方面，机构投资者较以往的投资者更加专业，具备了深入到银行内部的能力；另一方面，信息技术的发展和监管发展使银行经营管理情况更加透明，机构投资者搜集管理信息的成本大大降低，极大地方便了对银行的管理。

（2）更加重视银行内部控制和风险管理。“安然事件”和“世通事件”后，美国于 2002 年 7 月通过了被誉为美国乃至全球“新的上市公司准则”的《萨班斯—奥克斯利法案》（Sarbanes-Oxley Act）。这是继美国 1933 年《证券法》、1934 年《证券交易法》以来又一部具有里程碑意义的法律。“无论国际上如何评价，喜欢它或是不喜欢它，或认为其成本太高了，管理太严了”，“其机理和作用都会随着时间的推移向全世界渗透和发展”。总体来看，该法案强调了公司内控机制的重要性，从管理者、内部审计及外部审计等几个层面对公司内控作了具体规定，并设定了问责机制和相应的惩罚措施。

（3）更加重视商业银行的社会责任。尽管企业社会责任的正式定义仍然莫衷一是，但商业银行越来越重视社会责任却是一个不争的事实。企业在创造利润、对股东利益负责的同时，还要承担对员工、对社会和环境的社会责任，包括遵守商业道德、生产安全、职业健康、保护劳动者的合法权益、节约资源等。世界银行认为，社会责任是企业与关键利益相关者的关系、价值观、遵纪守法以及尊重人、社区和环境有关的政策和实践的集合。它是企业为改善利益相关者的生活质量而贡献于可持续发展的一种承诺。美国 29 个州公司法中明确提出，公司治理应当重视利益相关者的利益。国外很多银行都把利益相关者的利益最大化作为公司治理的目标。

（4）更加重视信息披露。《萨班斯—奥克斯利法案》完善了公司信息披露机制，增加了上市公司信息披露的义务，提出了公司治理中信息披露的新规则。公司 CEO 有责任建立一个完善的信息披露机制。公司董事、管理者和主要投资者要比平时更多更快地披露公司股票交易信息，要求在交易的第二天就披露信息，这使得投资者对披露的信息所包含内容能立即做出快速反应。公司对其内部控制质量提供更多信息，包括公司内部是否有特别的道德标准或规则来指导首席财务官、董事会的行为，公司审计委员会是否包括财务专家等。财务分析师和监督者必须披露信息，要求他们向投资者公开披露是否存在利益相冲突行为。

第六节 本章小结

由于经济、社会和文化等方面的差异以及历史演进轨迹的不同，不同国家和地区的公司治理结构是有差异的。从西方成熟市场经济国家的实践看，形成英美治理模式和德日治理模式代表为典型，企业治理模式为补充的格局。从股权结构和监督方式看，英美治理模式股权结构相对分散，以外部人控制监督为主；德日治理模式股权结构相对集中，以内部人控制监督为主；其余治理模式在与本地区经济、社会、文化相适应的基础上吸收了上面两种治理模式中适应自己的部分。

随着经济金融全球化进程的加速，各国商业银行公司治理模式出现了融合的趋势。更加重视机构投资者在银行公司治理中的作用；更加重视银行内部控制和风险管理；更加重视商业银行的社会责任；更加重视信息披露，这些成为当今全世界银行业发展的重要趋势，将为我国银行业的发展提供现实的指导作用。

我国发展股份制商业银行以及国有商业银行进行股份制改革的过程是在从计划经济向市场经济转轨的过程中产生和发展起来的。对股份制银行的作用、性质、治理机制的认识也是随着实践的推移而逐渐深化的。这种长期的具有探索性质和实验性质的银行股份制改革实践是以效率提高为导向的，也同时兼顾了社会稳定的需要。我国商业银行的治理模式很难直接套用某种西方治理模式，必须探索一条适合我国国情的治理模式——融合式治理模式。

第四章　中国商业银行公司治理演进及现状分析

经过20多年的金融体制改革，我国商业银行逐步摆脱了行政式治理，初步建立了公司法人治理结构，形成了“股东大会—董事会—高级经理层”的权力制衡机制，也逐渐完善了银行高级经理层的激励约束机制构架。本章首先对我国商业银行公司治理改革的历史演进进行简单介绍，然后对我国上市银行公司治理的现状进行分析，具体从上市银行股权结构、董事会、境外战略投资者和信息披露几个方面进行分析。

第一节　中国商业银行公司治理的历史演进

一、国有银行的商业化、公司化

1978年以前，大一统的计划经济模式决定了当时我国银行只是作为资金汇集的场所，是财政的出纳，不具有独立的企业“人格”。所以当时国内并没有真正意义上的商业银行，也就不能用现代公司治理理论来解释当时的银行治理问题。

1978年以后，经济体制发生了巨大的变化，外部环境的变化对商业银行的治理模式和治理结构提出了不同的要求。商业银行逐步建立，从中国人民银行分设的和新建的专业银行向商业银行转化，另外又新设了一批商业银行。

国有商业银行的公司治理改革可以以1995年《中华人民共和国商业银行法》为分界点，前一阶段是行政式治理阶段，后一阶段是公司化治理发展阶段。

1. 行政式治理阶段

自1979年开始逐步分离和新设立了中国工商银行、中国农业银行、中国银行和中国建设银行四大国有专业银行，人民银行依据其专业的分工进行管理。在传统的行政式治理结构下，政府直接负责国有资本的经营，国有独资商业银行只是政府的附属单位。在治理制度上实际上被纳入了国家的行政体系，银行的出资人代表和经营者之间的关系体现为政府和银行之间领导与被领导的行政关系。四大国有独资银行的行长直接由国务院任命，是享有一定行政级别的政府官员。另外在总行内部也具有浓厚的行政色彩，各分支行拥有很大的独立性和权力，具有准法人性质，分支行行长也类似相应级别的行政官员，要同时处理与上级领导机关和地方政府的关系，地方政府对当地商业银行的行政干预屡有发生，影响了商业银行的盈利目标，对商业银行不良贷款的形成负有一定的责任。行政式治理还使国有独资商业银行的监督机制不健全，如银行领导层的考核体系是由党政部门制定出来的，其评价和监督也是党政部门的事，社会无法有效履行监督评价职责，对经营人员的处罚和约束也是行政性的。这种监督评价系统显然不利于约束经理人员的行为。

2. 公司化治理发展阶段

在后一阶段，四大国有商业银行逐步公司化、商业化。不断淡化自身的行政色彩，治理结构也在向公司化治理转变。国家把银行的控制权直接授予企业的经营者，通过赋予银行排他性的法人财产权，使其成为独立的市场竞争主体，国家只是作为所有者委托经营产权，享有投资收益，同时承担以产权资本为限额的风险，而政府作为监管者的角色存在。1995年的《银行法》明确规定四大国有商业银行不设股东会，由财政部、人民银行和银监会分别行使股东会的部分职能，同时又规定在四大国有银行设立监事会。这样其法人治理结构在形式上具备了现代商业银行法人治理结构的特征。

从 20 世纪 90 年代开始，为实现国有银行商业化、公司化，政府采取了四大举措。一是 1995 年国家专业银行实行商业化改革，四家国家专业银行将政策性业务剥离到新成立的三家政策性银行。同时，政府对四家银行的行政干预开始明显减少，四家银行过去的专业分工也逐步淡化，开始了业务交叉和市场化竞争。二是 1998 年国家对国有独资商业银行实行资本金充实改造，财政部向四家银行定向发行 2700 亿元特别国债，所筹资金专门用于补充四家银行资本金，经过此次“债转股”，国有独资商业银行资本金严重不足的状况得到了一定程度的缓解。三是 1999 年国有独资商业银行的不良资产剥离改革，将四家银行 1.4 万亿元不良资产剥离给新成立的华融、东方、信达、长城四家资产管理公司，四家公司则向四家国有独资商业银行定向发行债券，所筹资金等价给付四家银行。经过此次剥离，四大国有商业银行资产质量得到明显改观。应该说，四大国有商业银行在国家政策的扶持下，资产质量和盈利水平明显改善，抗风险能力大大增强。四是 2003 年底国家动用 450 亿美元外汇储备通过中央汇金公司对中国建设银行和中国银行注资，推动四大国有商业银行股份制改造，引进战略投资者，进行财务重组，改善银行财务状况。2005 年 10 月 27 日，中国建设银行在香港成功上市，拉开了四大国有商业银行资本市场上市的序幕，随后中国银行、中国工商银行以及中国农业银行先后在国内外资本市场上市。

二、股份制银行的公司治理之路

我国从 20 世纪 80 年代后半期开始发展新型商业银行。1987 年重新组建了第一家综合性股份制商业银行——交通银行，其后又陆续新组建了中信实业银行、中国光大银行、华夏银行、广东发展银行、福建兴业银行、深圳发展银行、上海浦东发展银行、中国民生银行、恒丰银行、浙商银行等共 16 家股份制商业银行。1996 年以后到 2009 年底，在对城市信用社进行整顿、改组的基础上，建立了100余家城市商业银行。股份制商业银行发展十分迅速，截至2009年底，16家股份制商业银行总资产规模达到787690.5亿元，占全部银行业金融机构总资产的30.8%，而且有14家银行在国内外资本市场上市，银行公司治理方面也走在金融业体制改革的前列。

按照金融体制改革的整体设计，在我国建立股份制商业银行主要有两个目的。其一是要在四大国有商业银行为主体的传统体制之外建立新的银行机构，通过竞争主体的扩大，提升银行业的市场竞争水平，促进银行业竞争机制的形成和整体服务水平的提高；其二是要通过对商业银行实行股份制这种现代企业制度形式，在商业银行内部形成“股东大会—董事会和监事会—经营者”的法人治理结构，从而对上可以挡住来自政府的干预，有利于政企分开，对下可以形成对银行经营者的产权约束，解决由于银行所有者缺位而引起的“内部人控制问题”，即经营者为了自己的利益而损害所有者利益的问题，使股份制商业银行能够真正成为自主经营、自负盈亏、自我发展和自我约束的市场主体，实现股份制商业银行的政企分离，形成股份制商业银行的自我约束机制。现在看来，股份制商业银行的改革与发展在实现第一个目标方面比较成功，但在实现第二个目标方面还有较长的路要走。相对于四大国有商业银行，16家股份制商业银行普遍实行了股份制改革，改组为股份有限公司，并按照国际惯例和现代企业制度的基本要求初步建立起了公司制的法人治理结构，包括建立股东大会、董事会和监事会制度，有效地实现了所有权和经营权的分离，较早地推行了资产负债比例管理和风险管理；参照国际惯例并结合实际情况，逐步推行五级信贷资产分类和考核办法，按照审慎会计原则改革呆账准备金提取和核销制度，完善资本补充机制，推进人力资源管理和劳动工资制度改革，逐步建立有效的激励机制。为此，股份制商业银行被认为是国内按照市场原则建立起来的最具生命力和竞争力的商业银行。但是从实际情况来看，我国股份制商业银行在治理结构上仍然面临一些重要缺陷和问题：股权结构不合理，治理结构需要进一步完善等。

第二节　中国商业银行公司治理现状分析

公司治理机制问题是商业银行深化改革的焦点，也是金融风险产生的根源。目前中国上市银行已经搭建起现代金融企业制度，在这一制度框架下，构建良好公司治理机制是中国商业银行进一步改革的核心。本章从股权结构、董事会安排和高管薪酬几个方面对我国上市银行公司治理现状进行了分析。

一、中国商业银行股权结构现状分析

国外银行与非银行类公司在股权结构方面具有相似的特征，因此与非银行类公司一样，商业银行的股权结构存在明显的地域差异，可以按照 Moerland 的“二分法”，即以美英和加拿大等国为代表的市场导向型（Market-oriented）模式和以德日等国为代表的网络导向型（Notwork-oriented）模式。

市场导向型模式股权结构的最大特点是股东高度分散，并且流动性强。银行拥有的众多小投资者对管理层的影响力较弱，主要依靠股市的流动性来增强治理效果，依靠严格的信息披露制度，分散的股东可以通过在股票市场上“用脚投票”的方式，对银行经营者施加压力。

网络导向型模式股权结构的特点是股权集中度相对较高，银行间存在普遍的交叉持股、相互依赖的现象，形成了独具特色的银企关系，相互持股的稳定性较强。

中国上市银行的股权结构呈现出多元性和差异性，难以用一种模式来概括。

表 4-1 列出了截至 2009 年 12 月底国内 14 家上市银行股权结构情况。

表 4-1 中国上市银行股权结构（2009 年）

银行名称	第一大股东性质（%）	第一大股东持股比例（%）	第二大股东持股比例（%）	股权制衡度（%）	前十大股权比例（%）
中国工商银行	国家股	37.12	33.14	3.98	94.45
中国银行	国家股	65.25	15.35	49.90	93.81
中国建设银行	流通 H 股	60.57	17.15	43.42	96.42
深发展	境外法人股	18.62	4.42	14.20	35.34
浦发银行	国有法人股	22.45	8.56	13.89	43.94
民生银行	境内法人股	6.30	5.20	1.10	38.45
招商银行	流通 H 股	19.51	11.80	7.71	53.65
华夏银行	国有法人股	12.35	9.41	2.94	48.68
兴业银行	国家股	19.80	12.78	7.02	53.18
交通银行	流通 H 股	23.21	20.41	2.80	75.24
中信银行	国有法人股	62.33	15.00	47.33	91.86
宁波银行	国家股	11.10	10.00	1.10	57.59
南京银行	国家股	13.85	12.61	1.24	48.65
北京银行	境外法人股	15.63	10.40	5.23	51.34

资料来源：根据各上市银行 2009 年年度报告整理而成。

通过表 4-1 可以看出，14 家上市银行股权结构有以下特点。

1. 股东性质多元化

国有银行中的中国工商银行、中国银行以及中国建设银行虽然通过引进战略投资者并成功在资本市场上市，实现了股权多元化，但是在其前十大股东中仍然以国家股为主，通过财政部或汇金公司持有的国家股分别占到 71.35%、69.45%、64.32%。这是区别于国外两种股权结构的最显著的特征，特别是与市场导向型模式中投资基金高度分散持股的情况形成鲜明对比，说明中国国有银行虽然已经是股权多元化上市银行，但政府仍然具有绝对的控股权，股票的流动性偏弱。

兴业银行、宁波银行、南京银行第一大股东均为国家股，背景为地方政府财政，是相对较大的控股股东，法人股股权分散。这是地方政府背景的商业银行通过改制而成为上市银行，地方政府保持了相对控股地位。

深圳发展银行、浦发银行、民生银行、招商银行、华夏银行、中信银行、北京银行股权结构具有相似性，前十大股东没有国家股，以各种法人股为主，并且除中信银行外，法人股股权分散，没有一个绝对控股股东。

2. 股权集中度有较大差异

我国上市银行的股权集中度可分为三种类型：

（1）股权高度集中型，如中国工商银行、中国银行、中国建设银行、中信银行，前十大股东持股比例均超过 90%，存在一个绝对控股股东。

（2）股权相对集中型，如交通银行、兴业银行、浦发银行、深发展，存在一个相对较大的控股股东，同时还有另外几个大股东。

（3）股权分散型，如民生银行、招商银行、华夏银行、宁波银行、南京银行、北京银行，前十大股东持股比例较为均匀分散。

3. 股权制衡度存在较大差异

股权制衡度是由第一大股东与第二大股东持股比例之差得出，从表 4-1 可以看出，股权制衡度较高的银行有兴业银行、民生银行、招商银行、华夏银行、宁波银行、南京银行、北京银行；股权制衡度较低的银行有中国工商银行、中国银行、中国建设银行、中信银行等。

从以上中国上市银行的股权结构可以看出，各级政府独资的商业银行经过改制上市后，第一大股东仍以国家股为主，大部分股份制商业银行上市后，第一大股东以法人股为主，但是上市银行之间不存在交叉持股的现象，因而不同于德国银行股权结构，更显著区别于以投资基金为主体的股权分散的市场导向型模式，只有民生银行高度分散的股权结构类似于市场导向型模式。因此，中国上市银行的股权结构呈现出多元性和差异性，难以用一种模式来概括。

二、中国商业银行董事会现状分析

董事会是公司决策的核心和公司监控的关键机构，其主要职责是对公司重大事务进行决策以及监督公司管理层，以确保管理层根据利益相关者利益来经营管理企业。对于上市银行而言，董事会作为股东大会的代理人和管理层的委托人，同样是上市银行的决策和监督中心，是银行内部治理的核心，对银行绩效有决定性作用。商业银行经营风险、管理风险的特性凸显了风险控制在上市银行治理中的核心地位，并决定了上市银行董事会在人员构成、具体设置、责任范围等方面比一般公司董事会的要求更高，具体体现在董事会规模的合理性、董事会与独立董事的独立性以及职能委员会的独立性等方面。

2005 年 7 月，巴塞尔银行监督委员会发布了 1999 年银行公司治理文件的修改稿，并公开征求意见。2006 年 2 月，在广泛吸收各方面意见的基础上，新的银行公司治理文件《加强银行公司治理》正式发布。巴塞尔委员会在世界范围内向各国的监管当局和银行发布本文件，以帮助各国银行切实采纳和实施稳健的公司治理。该文件中提出了八个稳健的公司治理原则，从八条稳健的公司治理原则中有七条是关于董事会的职责可以看出，董事会作为股东大会的代理人和经理层的委托人，是商业银行的决策和监督中心，是银行内部治理的核心。虽然董事会的构成与职责是银行类公司（包括非银行类公司）内部治理的核心，但巴塞尔委员会并没有强制性地推行一种特定的董事会治理结构，这样商业银行就有权选择盎格鲁—撒克逊的单层制董事会或者是德国的双层制董事会。

单层制董事会是股东导向型的，也称为盎格鲁—撒克逊治理模式，美、英、加、澳和其他普通法国家一般采用这种模式。该模式只设有一个管理机关，即只有董事会而没有监事会，股东大会将绝大部分经营管理权交付董事会，董事会拥有决策权和监督权。

双层制董事会也称为欧洲大陆模式，即由一个地位较高的监督董事会监管地位较低的执行董事会，其特点是将董事会的决策权与监督权分开。双层制董事会中，执行董事会负责管理银行的日常事务，而监督董事会承担监督执行董事会的职能。

目前，关于两种董事会结构孰优孰劣的学术讨论并没有达成一致，也没有明显的证据表明哪一种结构更有效率。事实上，两种模式的董事会都可以提高良好的公司治理水平，因此，试图得出两种董事会结构孰优孰劣的努力是无益的。《加强银行公司治理》文件中提出的八个稳健的公司治理原则适用于各种商业银行，不管商业银行采用的是哪一种董事会结构。

对于我国上市银行，根据《公司法》的规定，对董事会的职能定位介于盎格鲁—撒克逊模式和欧洲大陆模式之间。从形式上看，可以称之为混合模式，该模式设有两个管理机关，董事会和监事会，股东大会将绝大部分经营管理权交付董事会，董事会拥有决策权和监督权，同时，股东大会又赋予监事会以监督权（见图 4–1）。执行董事和高管负责银行的日常管理工作，非执行董事和监事负责监督执行董事和银行高管的工作。董事会由职能细分的次级委员会组成，常设有执行委员会、审计委员会、提名委员会、报酬委员会等次级委员会。监事和独立董事两者都定位为银行内部的监督者角色。因此，从权力配置角度看，中国上市银行董事会安排更多的是继承了盎格鲁—撒克逊模式，只是在董事会之外，又单独设置了一个专门监督机构，形成了单一决策、双重监督的治理结构。

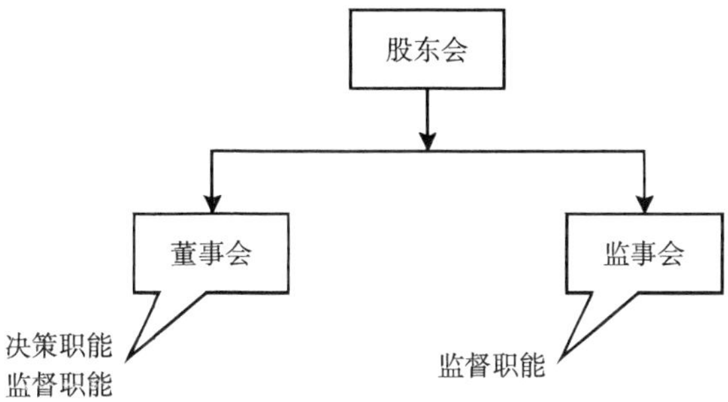

图 4–1 中国上市银行董事会治理示意图

从中国上市银行的董事会规模看（见表 4–2），上市银行董事会最大规模为 18 人，最小规模为 15 人，平均规模为 16.5 人，与 Booth 等（2002）所研究的样本银行董事会平均规模（16.37）基本相当。

表 4–2 中国上市银行董事会情况（2009 年）

银行名称	董事会规模（个）	外部董事比例（%）
中国工商银行	15	31.21
中国银行	16	34.52
中国建设银行	17	35.15

续表

银行名称	董事会规模（个）	外部董事比例（%）
深发展	15	31.54
浦发银行	17	30.12
民生银行	18	33.71
招商银行	18	38.22
华夏银行	17	35.62
兴业银行	15	34.50
交通银行	18	32.42
中信银行	15	32.43
宁波银行	18	31.48
南京银行	15	37.13
北京银行	17	34.56
平均值	16.5	33.68

资料来源：根据各上市银行 2009 年年度报告整理而成。

从上市银行的董事会构成看，董事会中外部董事占比最高为 38.22%，最低为 30.12%，平均占比为 33.68%。

三、中国商业银行战略投资者现状分析

自 1996 年亚洲银行入股光大银行，拉开了外资银行入股我国银行业的大幕。2003 年末，国际金融公司、新加坡淡马锡控股有限公司（以下简称淡马锡）和中国香港恒生银行入股兴业银行；2004 年 8 月汇丰银行入股交通银行，占交通银行 19.9%的股权；2004 年 5 月，新桥投资集团以 17.89%的股份入股深圳发展银行，并成为深发展的第一大股东，同时深发展也成为首家外资控股的我国上市商业银行。

2005 年，引进境外战略投资者达到了新的高潮：2005 年 6 月 17 日，中国建设银行与美国银行在北京共同宣布：双方签订了关于战略投资与合作的最终协议，出售 9%的股份，价值 30 亿美元，并于 2005 年 10 月在香港成功上市。中国建设银行与美国银行签署战略投资与合作最终协议，美国银行首期投资 25 亿美元购买汇金公司持有的建行股份，最终持有股权可达到 19.9%，创下了迄今为止外国公司对中国公司最大单笔投资的新纪录。中国银行先是向苏格兰皇家银行出售约

10%的股权，价值31亿美元，随后，又向淡马锡、瑞银集团和亚洲开发银行出售共计11.85%的股权，价值36.75亿美元；2006年4月，华夏银行与德意志银行等三家境外投资者正式签署股份转让协议；2006年中国工商银行完成资本重组，由高盛、安联和美国运通三家战略投资者组成的财团购入其10%的股权，约合37.8亿美元。

截至2009年12月末，国内14家上市银行除招商银行以外，全部引进了境外战略投资者。其中，境外战略投资者入股比例最高的前3家中资银行是深圳发展银行、兴业银行和北京银行，占比分别达到25.19%、24.98%、24.90%；占比最低的是浦发银行，为4.62%。国有商业银行战略投资者的占比相差不大，占比最高的是中国工商银行，达到16.19%；占比最低的是中国建设银行，占比为14.1%。具体如表4-3所示。

我国商业银行充分地认识到，引进境外战略投资者对于完善银行公司治理结构、转变经营理念、提高管理水平和运营效率的重要性。

表4-3 中国上市银行引入战略投资者情况（2009年）

引资银行	引入投资者时间	境外战略投资者	入股比例（%）
交通银行	2004.8	汇丰银行	19.90
中国建设银行	2005.7	淡马锡	5.10
	2005.6	美国银行	9.00
中国银行	2005.8	苏格兰皇家银行	9.61
		新加坡淡马锡控股有限公司	4.80
		瑞士银行	1.55
		亚洲开发银行	0.23
中国工商银行	2006.4	高盛集团	5.75
		安联	2.25
		美国运通	0.45
浦发银行	2002.12	花旗银行	4.62
兴业银行	2003.12	新加坡淡马锡控股有限公司	5.00
		香港恒生银行	15.98
		国际金融公司	4.00
民生银行	2004.7	国际金融公司	1.08
	2004.11	新加坡亚洲金融控股公司	4.55
深发展	2004.5	新桥投资集团	17.89
	2005.9	通用电气	7.30

续表

引资银行	引入投资者时间	境外战略投资者	入股比例（%）
华夏银行	2006.4	德意志银行	7.02
		德意志银行卢森堡股份公司	2.88
		萨尔奥彭海姆股份企业	4.80
中信银行	2006.11	西班牙对外银行	5.00
北京银行	2005.3	荷兰国际集团	19.90
		国际金融公司	5.00
南京银行	2001.11	国际金融公司	5.00
	2005.10	法国巴黎银行	19.20
宁波银行	2006.1	新加坡华侨银行	12.20

资料来源：全球并购研究中心编. 中国并购报告［M］. 北京：人民邮电出版社，2007.

四、中国商业银行信息披露现状分析

我国商业银行信息披露在计划型经济的时期基本上处于无披露状态，当时国内的一切生产和经营都是按照制定的计划，按部就班的执行，因此计划当局对社会的各种生产经营情况非常了解，各生产单位只需完全按照指示执行。除了计划当局外，其他单位和组织没有需求信息的必要，也无法了解太多的信息，因此商业银行信息披露的重要性并没有被认识到。随着我国经济市场化机制的运行，我国政府对商业银行信息披露越来越重视，在国内一些学者如胡亦明等对国外的商业银行信息披露进行了大量的研究，找出了我国目前商业银行信息披露与国外的重大差距，找出了我国目前商业银行信息披露主要存在的问题，也找出了一定的方法来解决信息披露的问题。因此，政府认识到商业银行信息披露的重要性，正是在我国经济体制转变为市场经济时。同时，近年来我国商业银行的信息披露工作也取得了很大的进展。

实际上，我国商业银行信息披露在暂行办法没有颁布之前，上市银行可以根据证监会对于上市公司的规定定期披露一定的经营方面的信息，而对于非上市银行则没有相关的法律或者规定。中国人民银行在 2002 年 5 月 21 日颁布了《商业银行信息披露暂行办法》（以下简称

《办法》)，它是根据《商业银行法》和《中国人民银行法》中间的关于信息披露的相关规定制定的，对它们加以一定的细化和整理，主要表述银行监管与信息披露之间的关系。《办法》对银行的信息披露提出了一定的法律上的要求和规定。用法律的形式规定、要求商业银行定期实行公开的信息披露真实地披露公司的财务情况，银行的治理情况和重大的影响银行稳健经营的活动。《办法》初步确立了商业银行信息披露的监管的内容和程序，使我国从原来简单的向监管部门提供信息报告转变成为信息报告和公开的信息披露的形式，使得国家对商业银行的监督加强了，加大了商业银行提高经营水平增强经营效益的动力，使得我国商业银行可以稳健的、安全的经营发展。《办法》中明确地确定了中国人民银行在银行监管中的主要地位，使得我国的商业银行的信息披露有一定的规章可以遵循，使得商业银行的操作更加规范透明。《办法》对我国商业银行信息披露做了很好的总结和规范，同时也提出了一定的要求，但是 《办法》依然与巴塞尔委员会的规定有很大的距离，《办法》中很多都是原则性的要求，没有对我国商业银行具体操作的标准做出规定，这造成了银行在具体实施中的麻烦。

我国于 2003 年 4 月设立了银监会，中国银监会负责监督管理银行、金融资产管理公司、信托投资公司及其他存款类金融机构，维护银行业的合法、稳健运行。银监会的设立使得商业银行在信息披露的规范上又前进了一大步，使得中国银行业信息披露的具体制度规范化，同时更加具体细化了。2004 年，中国银监会颁发了《商业银行资本充足率管理办法》，其在《商业银行信息披露暂行办法》的基础上，对资本充足率的信息披露提出了更加具体详细的要求，可以很好地指导我国商业银行的信息披露的具体操作，弥补了《商业银行信息披露暂行办法》的很多不足。

为加强商业银行的市场约束，规范商业银行的信息披露行为，有效维护存款人和其他客户的合法权益，促进商业银行安全、稳健、高效运行，依据《中华人民共和国银行业监督管理法》、《中华人民共和国商业银行法》等法律法规，2006 年 12 月 8 日中国银行业监督管理委员会第 54 次主席会议通过，并于 2007 年 7 月 3 日公布了《商业银行信息披露办法》。《商业银行信息披露办法》共四章三十二条，对商业银行信息披露的原则、内容、方式、程序做出了总体规范。

总之，我国商业银行的信息披露状况有了明显的改善，强化了银行市场约束，促进了商业银行改革，增强了商业银行的透明度。从总的发展趋势来看，我国银行的信息披露正朝着国际化、标准化、有序化的方向前进。但我国商业银行的信息披露总体水平还比较低，信息披露的真实性、充分性、及时性都与国际通行的惯例和巴塞尔委员会的要求存在一定的差距，因此，改进商业银行信息披露制度任重而道远。

第三节　本章小结

本章首先介绍了我国商业银行国有银行的商业化和公司化、商业银行股份制改造的历史演进，然后对我国商业银行公司治理现状进行了分析，分析结果如下：

（1）中国上市银行股权结构存在股东属性多元化、股权集中度和制衡度差异明显等特征。各级政府独资的商业银行经过改制上市后，第一大股东仍以国家股为主；大部分股份制商业银行上市后，第一大股东以法人股为主。但是上市银行之间不存在交叉持股的现象，因而不同于德国银行股权结构，更显著区别于以投资基金为主体的股权分散的市场导向型模式，只有民生银行高度分散的股权结构类似于市场导向型模式。因此，中国上市银行的股权结构呈现出多元性和差异性，难以用一种模式来概括。

（2）从形式上看，中国上市银行董事会安排是一种混合模式，从权力配置角度看，更多的是继承了盎格鲁—撒克逊模式，只是在董事会之外，又单独设置了监事会作为专门监督机构，形成了单一决策，双重监督的治理结构。根据 2007 年年度报告，中国上市银行董事会最大规模为 18 人，最小规模为 15 人，平均规模为 16.5 人，从董事会构成看，董事会中外部董事占比最高为 38.22%，最低为 30.12%，平均占比为 33.68%。

（3）截至 2009 年 12 月末，国内 14 家上市银行除招商银行以外，全部引进了境外战略投资者。其中，境外战略投资者入股比例最高的前 3 家中资银行是深圳发展银行、兴业银行和北京银行，占比分别达到 25.19%、24.98%、24.90%；占比最低的是浦发银行，为 4.62%。国有商业银行战略投资者的占比相差不大，占比最高的是中国工商银行，达到 16.19%；占比最低的是中国建设银行，占比为 14.1%。我国商业银行都充分地认识到，引进境外战略投资者对于完善银行公司治理结构、转变经营理念、提高管理水平和运营效率的重要性。

（4）我国商业银行的信息披露状况有了明显的改善。信息披露的要求强化了银行市场约束，促进了商业银行改革，增强了商业银行的透明度。从总的发展趋势来看，我国银行的信息披露正朝着国际化、标准化、有序化的方向前进。但我国商业银行信息披露总体水平还比较低，信息披露的真实性、充分性、及时性都与国际通行的惯例和巴塞尔委员会的要求存在一定的差距，因此，完善商业银行信息披露制度任重而道远。

第五章　银行股权结构与公司治理

第一节　引言

我国金融市场完全对外开放后，国内外银行之间的竞争加剧。这场竞争，实质上是现代银行制度的竞争，而现代银行制度的核心是现代银行公司治理机制。因此，治理结构的优化是提高我国商业银行竞争力的必由之路。

公司治理作为一个热点，近几年受到了越来越广泛的关注。股权结构被视为公司治理的基础，从根本上决定了公司的管理决策机制及激励约束机制，从而决定了公司的行为方式与经营绩效。西方学者在关于股权结构和公司绩效方面做了大量的研究工作。总体而言，在股权结构对公司价值的影响方面主要有以下 4 种观点：

（1）股权结构与绩效正相关，即股权集中度越高，绩效越好。Shleifer 和 Vishny（1986）认为外部大股东减少了管理者机会主义，从而降低了管理者与股东的直接代理冲突，这有利于公司价值的提升。后来，Hill 和 Snell（1989）以生产率度量业绩，证明美国企业存在这种正的联系。Bonin、Hasan 和 Wachtel（2005）通过对 11 个转型国家的银行数据的研究表明，私有化本身并不能提高银行绩效，引进境外战略投资者对提高银行绩效有积极影响。此外，Antonio 和 Campbell（2007）发现股权集中度对绩效存在显著正向影响，当大股东为个人时，对公司绩效也存在显著的正向影响。

（2）股权结构与绩效负相关，即股权集中度越高，绩效越低。Leech 和 Leahy（1991）通过对英国企业价值的研究，发现股权集中度与企业价值及利润率之间存在显著负的联系。Mudambi 和 Nicosia（1998）的研究结论也提供了这样的佐证。另外，Burkart、Gromb 和 Panunzi（1997）认为，集中股权结构条件下大股东的控制降低了管理者的积极性和其他专用资产的投资，从而降低了公司价值。Kim 等（2007）利用 14 个欧洲国家 229 家公司的数据分析发现，集中的股权与董事会的独立性负相关，从而证明了大股东通过操纵董事会侵占中小股东的权益，降低公司绩效。

（3）股权结构与绩效不单一，即股权集中度对绩效的影响不确定。Morck、Shleifer 和 Vishny（1988）采用 1980 年《财富》500 强中的 371 家美国公司作为研究对象，认为股权结构对公司价值的影响是复杂的。McConnell 和 Servaes（1990）研究发现股权结构对公司价值的影响非单一，他们利用 NYSE 和 AMEX 的样本实证分析得出一个具有显著性的结论，即托宾 Q 值与公司内部股东所拥有的股权之间具有倒“U”形的曲线关系。

（4）股权结构与绩效无关，即股权集中度不影响绩效。Demsetz 和 Lehn（1985）选择 1980 年美国 511 家公司的会计利润率对各种股权集中度指标进行回归，没有发现显著的相关关系。之后，Holderness 和 Sheehan（1988）通过拥有绝对控股股东的上市公司与股权非常分散的上市公司（最大股东持股少于 20%）业绩的比较，发现它们之间的业绩没有显著的差别，因而认为公司的股权结构和公司业绩之间无相关关系。

国内学者对股权结构与公司绩效之间关系也做了一些研究。他们也得出了差别化的结论。

孙永祥、黄祖辉（1999）的实证研究表明，第一大股东的持股比例与公司的托宾 Q 值呈倒“U”形关系，并且较高的股权集中度和股权制衡有利于公司价值的提高。

陈晓、江东（2000）的研究发现，国有股对公司绩效的负面影响，以及法人股和流通股对公司绩效的正面影响都只在竞争性较强的电子电器行业成立，而在竞争性相对较弱的行业和公用事业并不成立。

杜莹、刘立国（2002）发现，股权集中度与公司绩效呈显著的倒"U"形关系，同时，国家股比例与公司绩效显著负相关，法人股比例与公司绩效显著正相关。

杨德勇、曹永霞（2007）研究认为，商业银行第一大股东持股比例过大，会导致银行的低效率，而股权集中度与银行绩效正相关。

曹廷求等（2007）分别用单方程和2SLS对股权结构与公司绩效进行回归，发现股权集中度与公司绩效呈左低右高的"U"形曲线关系。

严若森（2009）研究结果表明，国有股比重与上市公司的经营绩效负相关，大股东治理与上市公司的经营绩效无显著相关性。

高正平、李仪简（2010）对我国上市银行的研究发现，主要股东间的相互制衡与银行绩效成正比；国家股权与银行绩效呈现一种左低右高的非对称"U"形曲线关系。

从上述文献我们知道，国内外学者对股权结构与绩效的研究，视角涵盖所有行业，而大部分的实证分析将金融行业剔除在外，部分学者对金融业的研究，多数也采用研究一般公司治理的方法，这使得结论是否适用金融行业值得商榷。事实上，金融行业，特别是银行业在解决治理问题上，有许多区别于一般企业的特征（Caprio、Laeven和Levine，2003）。

潘敏（2006）从理论上分析了银行业资产结构的特殊性、资产交易的非透明性和严格管制三个典型特征对商业银行公司治理的影响。宋增基（2007）的研究表明，银行的特殊性导致其治理问题不同于一般企业。此外，上述研究几乎没有将董事会考虑在内。董事会在公司的日常运作中，起指导和监督作用，而董事会的结构很大程度上是由股权结构决定的，研究股权结构与绩效的关系，只有将董事会纳入其中，才能更好地反映两者间的关系。

源于此，本章采用2006~2009年上市银行为样本，在充分考虑银行业自身特殊性的基础上，结合董事会特征，从公司治理视角对银行股权结构与绩效的关系进行实证分析，以期发现股权结构与银行绩效间的关系，为我国银行业的改革提供经验证据。

第二节　研究设计

一、研究样本

研究选择目前在沪深 A 股市场上市的全国股份制商业银行（共 11 家银行）作为研究样本。其中，中国建设银行、中信银行、交通银行和兴业银行 2007 年在 A 股市场上市，样本时间选取 2007~2009 年，中国工商银行、中国银行、招商银行、民生银行、华夏银行、浦发银行以及深圳发展银行上市时间较早，选择的时间段为 2006~2009 年。之所以选择这个时间段，是因为 2006 年后我国金融市场完全对外开放，数据具有可比性。考虑到银行业数据收集的限制，样本比较少，因此将各家银行的数据制成混合数据。数据来源主要是色诺芬数据库和巨潮资讯网，并以各家银行的年报作为补充。

二、变量选择与定义

本章在借鉴同类型文献的做法和经验的基础上，使用的变量分为三大类，各变量简要介绍如下：

第一类是描述银行绩效的变量：资产收益率（ROA）和每股收益（EPS）。之所以选择 ROA，而不是国内学者大多采用的净资产收益率（ROE），是因为一些学者的研究表明，中国上市公司为迎合监管部门的规定，对 ROE 存在着大量的利润操纵行为。而 EPS 显示银行市场价值，有助于揭示银行公司治理结构的有效性。

第二类是描述银行股权结构的变量：第一大股东持股比例（S1）、

第一大股东控股能力（HC）、前五大股东持股比例（SH5）以及境外战略投资者持股比例（Outshare）。此外，我们还选取虚拟变量 FN，表示国有控股时取值 0，非国有控股时取值 1。

第三类是控制变量：公司规模（Size，实证中采取公司年末总资产的自然对数）、银行网点数量（Net，实证中采取其自然对数）、资本充足率（CAR）、董事会规模（BS）、独立董事占董事比例（IBP）、虚拟变量（RZ，表示（副）董事长兼任行长取值 1，否则取值 0）。

以上各变量的详细说明如表 5-1 所示：

表 5-1　变量及说明

变量类型		变量名称	变量代码	变量含义及说明
解释变量	股权结构变量	第一大股东持股比例	S1	第一大股东持股数量占总股份的比例
		第一大股东控制能力	HC	第一大股东持股比例减去第二大股东持股比例
		前五大股东持股比例	SH5	前五大股东持股比例之和
		境外战略投资者持股比例	Outshare	境外所有法人持股比例之和
		虚拟变量	FN	国有控股取值 0，否则取值 1
	控制变量	公司规模	Size	公司年末总资产的自然对数
		银行网点数	Net	银行网点数量的自然对数
		资本充足率	CAR	资本总额与加权风险资产总额的比例
		董事会规模	BS	董事会人数
		独立董事占董事比例	IBP	独立董事人数占董事会总人数比例
		虚拟变量	RZ	（副）董事长兼任行长取值 1，否则取值 0
被解释变量	绩效变量	资产收益率	ROA	净利润与总资产的比率
		每股收益	EPS	净利润与股本总数的比率

三、研究方法

（一）单方程模型检验

Performance = Ownership + Board + Corporation

Performance 表示银行绩效，用两个变量来衡量：一个是总资产收益率（ROA），代表会计数据；另一个是每股收益（EPS），显示银行市场价值。

Ownership 代表银行股权结构，在实证研究中，我们用 4 个指标来刻画。第一个变量是 S1，代表第一大股东的持股比例。第一大股东由于其在董事会中对独立董事任免等影响比较大，有可能会影响到董事会的独立性，从而影响银行绩效。第二个变量是 HC，用它来表示银行股权结构的制衡能力。自“安然事件”之后，越来越多的学者注意到大股东有可能在没有制约的条件下出现损害其他股东的行为，这称为“隧道效应”（Tunneling）。因此制衡能力是体现股权结构的重要指标，HC 值越小，制衡能力越强。第三个变量是 Outshare，代表境外战略投资者持股比例，随着 2006 年底我国金融市场完全对外开放，各银行陆续引进了境外战略投资者。第四个衡量银行股权结构的是虚拟变量 FN，它表示银行实际控制人的性质。当银行是国有控制时取值 0，当实际控制人是民营或者外资时取值 1。

Board 代表董事会，用 3 个指标来衡量。一是董事会规模，用 BS 表示。二是独立董事人数占董事会总人数的比例，用 IBP 表示。三是虚拟变量 RZ，它表示当（副）董事长与行长是同一人时取值 1，否则取值 0。

Corporation 代表银行的基本性质，用 3 个指标刻画。一是银行规模，用 Size 表示，在实证研究中用 Ln（Asset）代替（其中，Asset 表示银行总资产）。二是银行网点数量，用 Net 表示，在实证研究中用 Ln（Net）代替。三是银行的资本充足率，用 CAR 表示。控制这些指标是为了更好地突出治理结构对银行绩效的影响。

表 5-2 给出了银行绩效变量与股权结构变量的相关性分析，括号内为 P 值。

表 5-2　绩效变量与股权结构变量的相关性分析

	ROA	EPS	S1	HC	SH5	Outshare	FN
ROA		0.32** (0.02)	−0.41** (0.02)	−0.37** (0.04)	−0.22*** (0.01)	0.28* (0.07)	0.36** (0.03)
EPS	0.39** (0.03)		−0.41** (0.04)	−0.23*** (0.00)	−0.18** (0.03)	0.25* (0.08)	−0.16* (0.09)
S1	−0.30** (0.04)	−0.36* (0.07)		0.48 (0.15)	0.52** (0.03)	0.27 (0.21)	−0.32 (0.21)

续表

	ROA	EPS	S1	HC	SH5	Outshare	FN
HC	-0.43** (0.02)	-0.13** (0.02)	0.54* (0.08)		0.51* (0.08)	0.28 (0.13)	0.39 (0.12)
SH5	-0.27** (0.04)	-0.29*** (0.01)	0.58** (0.03)	0.45* (0.07)		0.21 (0.15)	-0.18* (0.08)
Outshare	0.35* (0.08)	0.16** (0.06)	0.34 (0.15)	0.24 (0.12)	0.27 (0.14)		-0.37 (0.17)
FN	0.30* (0.07)	-0.24** (0.03)	-0.35 (0.16)	-0.45 (0.22)	-0.13 (0.14)	-0.49 (0.12)	

注：上半部分为 Spearman 检验结果，下半部分为 Pearson 检验结果；***、**、* 表示检验分别在 1%、5%、10%的水平上显著。

表 5-2 提供了绩效变量与股权结构变量的两两相关系数，从中可以看出，无论是 Pearson 还是 Spearman 相关性检验，第一大股东持股比例与控制能力以及股权集中度的相关程度都很高（分别大于 0.45）。在建立模型中为了避免 S1 与 HC 的高度相关性，对它们分别进行了回归分析。此外，控制变量间也存在高度相关性，如 Net 与 Size、BS 与 IBP（限于篇幅，不做累述）。在做了大量的回归分析的基础上，我们设定了以下一组单方程计量模型：

ROA = F(S1，Outshore，BS，Size，FN，RZ)　　(5-1)

ROA = F(HC，Outshore，IBP，CAR，Net，FN，RZ)　　(5-2)

ROA = F(SH5，Outshore，IBP，Net，FN，RZ)　　(5-3)

EPS = F(S1，Outshore，BS，Size，FN，RZ)　　(5-4)

EPS = F(HC，Outshore，IBP，CAR，Net，FN，RZ)　　(5-5)

EPS = F(SH5，Outshore，IBP，Net，FN，RZ)　　(5-6)

（二）联立方程模型的检验

前面是将股权结构作为外生变量考虑，现在我们将其作为内生变量来考虑。运用联立方程模型，在控制了其内生性后检验股权结构与银行绩效间的关系。联立方程模型如下：

ROA = F(SH5，Outshore，IBP，Net，FN，RZ)

SH5 = F(Outshore，IBP，FN，RZ，ROA，S1)　　(5-7)

运用三阶段最小二乘法（3SLS）对联立方程进行回归。二阶段最小二乘法（2SLS）只能对模型的一个结构方程进行参数估计，所利用的是模型参数的部分信息。事实上，总体结构对每个结构参数都有不同程度的影响。三阶段最小二乘法（3SLS）的优点之一是能充分利用模型结构的全部信息，并且三阶段最小二乘法（3SLS）还系统地考虑了各个方程随机误差项的相关性，而二阶段最小二乘法（2SLS）则假定各个方程的随机误差项是序列不相关的。因此，相比二阶段最小二乘法（2SLS）和普通最小二乘法（OLS），三阶段最小二乘法（3SLS）的估计结果更为有效。

由于使用联立方程模型检验，需要在各个结构方程中加入工具变量。一个好的工具变量，不仅要与内生变量关系密切，而且同时要与误差项没有关系，因此我们选用 Net 作为第一个结构方程的工具变量。另外增加 S1，作为第二个方程的工具变量。

第三节　实证分析

一、统计性描述

研究选取了 11 家在沪深 A 股市场上市的全国股份制商业银行。在收集的 40 个数据中，有 17 个是（副）董事长兼任行长，占到总数的 42.5%，这显示，在银行业中兼任现象还是普遍存在的。另外，在上市银行实际控制人方面，只有深圳发展银行是境外战略投资者——Newbridge Asia 实际控股，而民生银行则是由刘永好家族实际控制，属于民营控股。因此，在所有样本中有 80.0%是国有控股，占到了大多数。其他变量的统计性描述，如表 5-3 所示。

表 5-3 显示，在治理结构方面，董事会规模与独立董事占董事会的比例相差不大，各行第一大股东持股比例普遍较低，这可能与严格的监管制度有关。同时，股权结构中的制衡能力各行之间差别较大，

表 5-3　变量的统计性描述

名称	最大值	最小值	中值	均值	标准差
S1	51.33	5.92	19.25	20.64	10.08
HC	38.90	2.69	9.74	12.01	9.75
SH5	73.85	21.61	38.16	41.12	12.21
Outshare	19.15	1.79	16.89	12.31	6.73
Size	28.62	26.73	27.62	27.68	0.52
Net	7.88	5.59	6.09	6.24	0.68
CAR	13.88	5.92	8.98	10.07	2.44
BS	18.00	13.75	17.50	16.55	1.66
IBP	0.40	0.30	0.35	0.34	0.03
ROA	20.36	11.43	18.38	16.73	3.19
EPS	1.76	0.25	0.45	0.71	0.50

股权集中度也存在一定的差异。在银行基本数据方面，各行资产规模与网点数相差较大，特别是国有银行与其他商业银行相差很大，通过取对数处理以后，差距变得不多了，这有利于我们的研究。在银行绩效方面，ROA 表现出总体稳定的态势，各行之间差别不大，而 EPS 相差却比较大。

二、回归分析

（一）单方程模型回归分析

表 5-4 用一组单方程模型考察了股权结构与银行绩效间的关系，括号内是 P 值。

表 5-4　股权结构与银行绩效间单方程回归分析

自变量	因变量					
	ROA			EPS		
	Model（5-1）	Model（5-2）	Model（5-3）	Model（5-4）	Model（5-5）	Model（5-6）
S1	-0.16*** (0.00)			-0.12** (0.02)		
HC		-0.19** (0.01)			-0.09** (0.04)	
SH5			-0.17*** (0.00)			-0.13** (0.02)
Outshare	0.43* (0.08)	0.17 (0.12)	0.25* (0.07)	-0.11** (0.04)	0.24 (0.15)	0.19* (0.10)

续表

自变量	因变量					
	ROA			EPS		
	Model（5-1）	Model（5-2）	Model（5-3）	Model（5-4）	Model（5-5）	Model（5-6）
BS	-0.94 (0.15)			-0.40* (0.09)		
IBP		0.72* (0.08)	0.64 (0.13)		0.45 (0.16)	0.62* (0.09)
Size	-0.33** (0.04)			0.42** (0.02)		
Net			1.48* (0.08)			0.97** (0.02)
CAR		0.29** (0.05)			0.37** (0.03)	
FN	1.08* (0.07)	0.40* (0.09)	0.53 (0.24)	1.21 (0.13)	0.37 (0.18)	1.35* (0.08)
RZ	1.26* (0.08)	2.04 (0.21)	1.23** (0.03)	-0.87 (0.12)	1.63 (0.16)	0.86 (0.13)
R-squared	0.27	0.24	0.20	0.16	0.23	0.19

注：***、**、* 表示检验分别在 1%、5%、10%的水平上显著。

模型（5-1）至模型（5-6）中的几个自变量可以归为两类，一类是衡量银行治理结构的变量；另一类是描述银行基本特征的变量。

表 5-4 显示，治理结构对银行绩效的影响，有的很显著，有的不是很显著。股权结构方面，第一大股东持股比例、第一大股东控制能力以及股权集中度对银行绩效有显著的负面影响；境外战略投资者和银行实际控制人性质对绩效有一定的促进作用。董事会方面，董事会规模对绩效有一定负面影响；独立董事占董事会的比例以及银行两职分离情况对绩效有一定的正面影响，但效果不是很显著。银行基本特征方面，资产规模、网点数、资本充足率对绩效有比较显著的影响。

我们注意到，治理结构的改善对银行绩效的提升是有帮助的。从表 5-4 可以看到，第一大股东持股比例以及股权集中度对银行绩效存在负的相关关系。这提醒我们，在银行业，“隧道效应”（Tunneling）还是可能存在的。如果缺乏更好的制衡环境以及更有效的监督力量，侵占银行利益的事情还是有可能会发生。另外，分析结果还提示，引进一定的战略投资者对银行的业绩提升有帮助。这样有助于解决商业银行治理结构和机制不完善的问题，有助于改善和提高资产质量，建立良好的经营管理、内控及风险防范机制，提升商业银行竞争力。现阶段之所以作用不显著，可能的原因是我国的金融市场完全对外开放的时间不久，磨合和适应还需时日。

替代理论（Substitution）认为，治理结构之间是互相替代的。当公司的股权结构分散，股权制衡能力较好，几个大股东之间互相牵制，那么中小股东的利益保护会比那些拥有一股独大的股权结构的公司要好。由于我国商业银行陆续上市，再加上监管等原因，股权分散化趋势越来越明显，股权结构的制衡能力相比一般企业也要好一些，因此独立董事的监督能力弱化，使得对银行绩效的促进不明显，而独立董事本身的因素也可能促成这样的结果。独立董事由于地位特殊，因此平时对银行的信息掌握不够，再加上部分独立董事身兼数职，尽管有些在银行待了数年，但是没有精力履行独立董事的职责，造成了独立董事设置的形式化。另外，我国独立董事制度普遍存在责、权、利之间的失衡，激励不足却要承担很大的责任风险，这使得独立董事在行使职责时难免有后顾之忧，这也是研究结果为什么显示银行独立董事作用不明显的原因之一。

对银行的基本性质，一个有趣的现象是，模型 1 回归分析显示，银行规模越大，银行总资产回报越少。但是模型（5-3）却显示，银行的规模越大，企业的市场价值越高。这明显的表示，广大投资者认为，银行的规模越大，今后银行升值的潜力越大，因此在股票市场上给予规模大的银行一个更好的评价。但是现实的情况却显示，规模大的银行在资产回报方面做得还不够好。在外资银行抢滩中国市场的今天，银行除了注重在量的方面累计之外，还需要在质的方面给予更大的重视。

银行的网点数在一定程度上代表了银行实力的大小，银行网点数量越多，资产收益率可能越大，从而能够促进银行业绩的提升。从模型（5-6）可以看到，网点数的多寡也暗示了银行今后发展的潜力的大小。

资本充足率对于银行来说，作用是多方面的。首先，它是缓冲功能，即一旦发生意外损失，而日常盈余无法弥补时，资本可以起到缓冲作用，是增强公众信心的“招牌”。其次，它可以减少银行过度冒险的行为动机并防范风险。模型（5-2）和模型（5-5）也说明了这一点。

总的来说，银行治理结构对绩效的影响，有的很显著，有的不是很显著；而银行基本特征对银行绩效的影响都是比较显著的。

（二）联立方程模型回归分析

表 5-5 是运用三阶段最小二乘法（3SLS）对模型（5-7）的回归结果，括号内是 P 值：

表 5-5　股权结构与银行绩效间联立方程回归分析（3SLS）

外生变量	内生变量	
	ROA	SH5
ROA		-1.61** (0.04)
SH5	-0.37** (0.03)	
Outshare	0.57** (0.03)	-0.91 (0.21)
IBP	1.58* (0.07)	-1.83* (0.08)
Net	2.45** (0.02)	
FN	0.92** (0.02)	-2.57 (0.54)
RZ	1.76*** (0.01)	1.20 (0.14)
S1		2.56** (0.02)

注：***、**、* 表示检验分别在 1%、5%、10%的水平上显著。

表 5-5 显示，在控制了变量内生性的影响之后，股权集中度对银行绩效仍然有一定的负面影响，但是它们对绩效的影响没有表 5-4 显示的那么显著了。此外，境外战略投资者持股比例以及银行实际控制人性质对绩效的正面影响变得更显著了。这暗示我们，如果在股权结构方面进一步改善的话，银行绩效将会变得更好。同时，对比表 5-4，

在考虑股权结构内生性之后，两职分离情况以及独立董事占董事会比例对银行绩效的作用变得显著。另外，我们发现，资产收益率、独立董事占董事会比例对股权集中度的负面影响显著，即资产收益率、独立董事占董事会比例与股权集中度呈相反方向变化。

第四节 本章小结

国内上市银行与一般企业在许多方面存在差异，简单套用以往的治理结论有失偏颇。本章在结合银行业自身特点的基础上，实证分析了我国上市银行股权结构与绩效的关系。研究发现，第一大股东持股比例、控制能力以及股权集中度对银行绩效有显著的负面影响；境外战略投资者和银行实际控制人性质对绩效有一定的促进作用。这说明，银行公司治理结构与绩效密切相关。要提高我国银行绩效，就应该提高我国银行业的公司治理水平，即减少大股东的持股比例，降低股权集中度，适当增加境外战略投资者以及淡化国有控股。

研究结果还显示，董事会规模对绩效有一定负面影响；独立董事占董事会的比例以及银行两职分离情况对绩效有一定的正面影响，但效果不是很显著；资产规模、网点数以及资本充足率对银行绩效有比较显著的影响。此外，研究还发现，资产收益率、独立董事占董事会比例与股权集中度呈相反方向变化。

另外，本章的研究对广大投资者、监管者、银行的管理者以及股东有一定的参考价值。首先，银行业的公司治理要充分考虑到银行业本身的特点。比如高负债、股权分散、严格监管等。这些因素对治理结构有很大的影响，银行业的治理不能简单地套用一般企业的治理结论。其次，引进战略投资者。这样不仅能够改善银行内部治理结构，还能促进业绩的提升。研究结果表明，国内上市银行大多是国有控股，如果能在此基础上适度的引进一些非国有战略投资者，改变一定的股权结构，将能促进董事会的独立性，从而改善银行治理结构。并且引进外资合作伙伴，能够尽快学习先进的银行经营理念，熟悉国际银行运行规则，这对全面提升国内银行的竞争力会起到较好的效果。特别值得注意的是，开放国内民营资本进入银行业也同样有益。再次，增加独立董事的比例。公司治理是一个不断发展的过程，随着现代企业制度的发展，独立董事在公司治理中的作用将越来越明显。最后，研究显示要促进银行业绩的提升，改善治理结构和扩大市场份额同等重要，不可偏废。

第六章　引入境外战略投资者与公司治理

第一节　引言

中国上市银行引入境外战略投资者是改善股权结构的重要组成部分，由于其重要作用，有必要独辟一章进行更深入的研究。

2010年7月15日，中国农业银行股份公司登陆资本市场，以全球最大IPO的上市纪录，使国有独资银行成为历史，也见证了国有独资商业银行股份制改革的阶段性收官。从农行到中行、工行、建行，中国银行的现代化和市场化蝶变在过去30多年加速演进。国有银行股份制改造后的本质变化之一是现代公司治理机制初步建立。股改之前，各行基本是以行长为中心的集中管理体制；股改之后，各大型银行引进了境内外机构投资者并公开发行上市，实现了股权多元化和资本所有者对银行的有效监管，建立了董事会、监事会和高级管理层之间各司其职、有效制衡、协调运作的公司治理结构。董事会下设了多个专业委员会，董事会的咨询和决策作用得到进一步发挥，建立了独立董事制度，引入多名中外专家担任独立董事，董事的专业性不断增强，对银行的约束力不断强化，上市银行已基本建立起以提升公司价值为核心，最大限度兼顾投资者、金融消费者和职工三者之间利益的现代商业银行经营理念。

中国国有银行股份制改革的终极目标是提升中国银行业与国际一流银行可比较的持续竞争优势的建设，其中引进境外战略投资者是中国上市银行改善股权结构、提高管理水平与创新能力等不可或缺的重要途径。银行业引进境外战略投资者对完善公司治理模式以及提高公司绩效不同于非金融类企业。非金融类企业引进境外战略投资者主要是因为公司财务问题，比如国美电器引进贝恩资本主要是国美电器因为黄光裕入狱导致的资金链出现了问题。而银行业引进境外战略投资者不但是要完成财务融资，更重要的是要与外资金融机构进行业务和技术层面的合作，以优化上市银行公司治理模式，从而达到提高经营绩效的目的。

国内商业银行引入境外战略投资者大体经历了三个阶段：

第一阶段是 2001 年以前，由于我国法规禁止外国金融机构入股中资商业银行，虽然亚行（ADB）入股光大银行和国际金融公司（IFC）入股上海银行，但双方基本没有业务和技术合作，外资入股的象征意义大于实质作用。

第二阶段是 2001~2003 年，中国加入世界贸易组织以后，确定了银行业对外开放的时间表，放开了外资金融机构入股中资银行的限制，中资银行开始尝试引进境外战略投资者进行技术和业务合作。

第三阶段是中国银监会成立后至今，其及时依法制定了《境外金融机构投资入股中资金融机构管理办法》，这是商业银行引进境外战略投资者最活跃的阶段。截至 2010 年末，共有 41 家境外机构投资入股 32 家中资银行，入股金额达 384.2 亿美元。2005 年，中国银监会提出了银行业引入境外战略投资者应当坚持的 5 个原则，使外资金融机构从早期财务投资者逐渐转变为战略投资者，从最初仅谋求在董事会发言的权力，发展到与中资银行在业务和技术层面进行多项合作，实现了从单纯引入国际金融资本向引“智”和引“技”的转变。中资银行与境外战略投资者的合作进入了一个新阶段。

如何提升中国上市银行（Listed Banks，LBs）的整体质量是银行业各方关注的焦点。许多学者认为将境外战略投资者（Foreign Strategic Investor，FSI）引入商业银行中能够使得商业银行的经营绩效上升，从而提升商业银行的整体质量。但对于 FSI 引入商业银行（尤其是 LBs）前后 LBs 的公司治理是否有明显差异？FSI 是否对 LBs 公司治理予以特别的关注？FSI 的引入与 LBs 价值之间的关系如何？相关的经验研究较少，本章将对上述一系列问题进行经验研究，旨在用数据来回答这些问题，研究结果将为进一步促进中国 FSI 的规范发展，完善商业银行公司治理提供理论依据和经验支持。另外，本章的研究选取上市银行作为样本，原因在于上市银行与非上市银行的绩效存在结构性差异，而绩效差异产生的信号传递效果也会影响战略投资者的进入决策，因而可能在回归中产生有偏的结果。同时，上市银行作为银行业的第一梯队，分析结果将更具代表意义，而且财务披露审计标准更为严格，相关数据的可得性较高。

国外有关研究境外投资者效应的文献主要以实证分析为主。许多国外学者认为引进境外战略投资者对银行业改革可以起到特殊的作用。境外战略投资者入股商业银行的同时会带来先进的公司治理机制，这有利于商业银行公司治理水平的提高。境外战略投资者持股比例的提高有利于增强对管理层的监督，降低代理成本，提高银行业绩。

Shleifer 和 Vishny 认为境外投资者所有权可以给股东提供动力来监督管理层并且采取行动提高公司价值。Megginson 等做了一项经典研究。研究对比 41 个国家的 204 个样本公司在境外战略投资者进入前三年和后三年的财务绩效。研究发现：境外战略投资者进入后，公司的盈利能力、经营效率等指标得到了显著的改善。Khanna 和 Palepu 研究发现，国外金融机构进入发展中国家有两个意义：第一，与公共金融机构相比，国外金融机构作为私人拥有和管理的实体对监督公司经营者有着更强的动机，它们要确保投资回报。第二，这些机构比发展中国家当地的私有金融机构拥有更有效的监督管理者的能力。Wiwattanakantang、Unite 和 Sullivan 的实证研究发现，外资所有权集中度高的公司会有更高的股票价格。另外，George 等研究发现，当外资所有权被允许进入时公司绩效的改善更大，私有化在竞争性的银行业更为成功，同时会产生更具竞争力的银行业。同时有证据显示，不允许新的申请者进入不是解决银行问题的方法，竞争的限制对银行业的稳定和发展有负面作用（Olivier 和 Davis）。

Levine 认为，战略投资者的进入可以提高东道国金融业的服务水平，进而提升金融发展的总体水平，最终促进东道国资本积累与合理配置，从而有利于东道国的经济增长。Lensink 和 Hermes（2004）从东道国初始金融发展程度与银行体系效率的提高这两个角度出发，认为如果东道国初始金融发展程度已经处于高水平，那么战略投资者的进入可以大幅度降低经营成本，提高银行体系的效率，而反之则不成立。Bonin 等发现，国际战略投资者的参与对银行盈利效率有正面影响，外资进入之后，银行业的经营业绩有显著提升。Hyun 和 Lee 研究发现，总体来说国内银行引入外资的比例越高，利润会越低，说明这些银行更重视贷款质量而不是仅仅追求利润最大化。

国内关于境外战略投资者对我国银行业效率的影响以理论研究居多，但观点各不相同。正面观点认为，引进境外战略投资者不仅可以提高资本充足率，还可以带来先进的管理经验和技术手段，改善公司治理结构，提升我国银行业的国际竞争能力。其中李巍、刘能华认为，战略引资是我国商业银行改革的必经之路，并指出中资银行引进境外战略投资者可以实现帕累托最优，从而使中外双方实现资源共享、取长补短，可以达到弱化政府对中资银行的行政干预、明确产权关系和提高金融资源配置效率的目的。

当然，也有学者持反面观点。占硕根据控制权租金存在会引发战略投资者对控制权的争夺，从而导致中资银行控制权转移，得出结论认为，通过引进外资战略投资者意图建立的分散模式的股权结构很不稳定。巴曙松等认为建立一个完善的法人治理结构，需要有一个过程，需要金融机构管理制度的创新，绝对不是外资参股之后就能够形成的。

在实证研究方面，吴志峰选取与我国当前银行改革具有相似性的经济转型背景下的东欧国家银行业绩为研究对象，通过分析盈利指标、成本指标和经营指标后发现，在继续保持国家控股的情况下，引入境外战略投资者作为小股东并不能建立良好的银行治理结构，也不会有效改善经营业绩，但境外战略投资者控股后能够显著提高银行业绩。李石凯从更加宏观的角度分析了境外战略投资者对中东欧 8 国银行业转型与发展的影响，认为由于境外战略投资者的示范作用，它们先进的金融管理、技术和产品能够在东道国得到广泛传播与运用，促使银行业的现状得到根本性改变。

国外的研究主要是针对不同的国家体系和经济结构，其研究结论在某些方面可以作为我国引入外资的理论依据，但由于我国的实际情况未必与这些国家相同，这些研究经验未必适合我国。国内的研究总体上是从定性角度来分析，鲜有从定量或实证研究。本章拟从实际数据入手，从我国上市银行的安全性、盈利能力、成长性来分析引入境外战略投资者对上市银行的影响，实证检验了我国上市银行在引入境外战略投资者前后，上市银行的安全性、盈利能力、成长性的变化情况，检验了“引进来”策略在实践中是否真正发挥了预想的作用。本章的研究将进一步促进中国 FSI 的规范发展，为完善商业银行公司治理提供理论依据和经验支持。

第二节　研究设计

一、研究样本及数据来源

截至 2008 年末，在沪深两市上市发行股票的 LBs 共有 15 家，其中引入 FSI 的 LBs 有 13 家。通过各上市银行年报、相关报纸杂志及公开资料获取相应的数据，因此本文拟以这 13 家 LBs 作为研究对象，如表 6-1 所示。考虑到中国大多数 LBs 引进 FSI 的年限较短、获得数据难度较大，本章拟采用截面数据和序列数据相结合的方法获取样本。因此本章的数据是以 2001~2008 年的这 13 家 LBs 可获取的年度报告为基础建立的，如表 6-2 所示。我们从 2001 年开始剔除不完整和异常数据之后，样本共有 53 个，其中：10 个样本是引入之前的数据，占到总数的 19%，43 个样本是引入之后的数据，占到总数的 81%。在银行基本特征比较分析和回归分析中，银行资产负债表和损益表的数据主要来源于全球银行与金融机构数据库（Bank Scope Bvd Database），年报数据来源于巨潮数据库，银行公司治理数据主要来源于色诺芬数据库；宏观层面数据来源于万德数据库（Wind），同时以历年《中国统计年鉴》和《中国金融统计年鉴》作为补充数据来源。

表 6-1　13 家 LBs 引入名称及时间

银行名称	名　称	引入时间（年）	持股数量（股）	持股比例（%）
深圳发展银行	美国新桥投资公司	2004	34810 万	17.89
	通用电气金融财务有限公司	2005	1.53 亿	7.30
宁波银行	OCBC Bank	2006	2.5 亿	12.20
浦东发展银行	Citibank	2003	18075 万	5.00
华夏银行	Deutsche Bank	2005	4.16 亿	9.90
	萨尔奥彭海姆银行	2005	1.71 亿	4.08
民生银行	国际金融公司（IFC）	2004	5604.3 万	1.08
	新加坡淡马锡控股全资子公司亚洲金融 AFH	2004	2.36 亿	4.55
南京银行	国际金融公司（IFC）	2001	1.81 亿	15.00
	法国巴黎银行	2005	2.32 亿	19.40
兴业银行	中国香港恒生银行	2003	63909 万	15.98
	新加坡政府直接投资公司 GIC	2003	15996 万	5.10
	国际金融公司（IFC）	2003	19995 万	6.70
北京银行	荷兰国际集团 ING	2005	10 亿	19.90
	国际金融公司（IFC）	2005	25317 万	4.90
中国交通银行	Hongkong and Shanghai Banking Corp.	2004	77.75 亿	19.90
中国工商银行	高盛集团	2006	164.76 亿	7.00
	安联集团	2006	64.33 亿	2.50
	美国运通	2006	12.76 亿	0.50
中国建设银行	Bank America Corp.	2005	174.8 亿	9.10
	新加坡淡马锡控股全资子公司亚洲金融 AFH	2005	99 亿	5.10
中国银行	苏格兰皇家银行集团 RBS	2005	209.4 亿	10.34
	新加坡淡马锡控股全资子公司亚洲金融 AFH	2005	104.7 亿	5.21
	瑞士银行 UBS	2005	3.38 亿	1.55
	亚洲开发银行	2005	5067 万	0.24
中信银行	西班牙毕尔巴鄂茨卡亚对外银行 BBVA	2006	15 亿	5.32

注：表中所列时间均为正式签署协议的时间。

资料来源：根据各上市银行年报及公开资料整理计算得到。

表 6-2　13 家 FSI 年报数量统计

银行名称	2002 年	2003 年	2004 年	2005 年	2006 年	2007 年	2008 年	2009 年	小计
深圳发展银行	√	√	√	√	√	√	√	√	8
宁波银行						√	√	√	3
浦东发展银行	√	√	√	√	√	√	√	√	8
华夏银行			√	√	√	√	√	√	6
民生银行	√	√	√	√	√	√	√	√	8
南京银行							√	√	2
兴业银行						√	√	√	3
北京银行							√	√	2
中国交通银行							√	√	2
中国工商银行						√	√	√	3
中国建设银行							√	√	2
中国银行					√	√	√	√	4
中信银行							√	√	2
合计	3	3	4	4	5	8	13	13	53

注：√表示存在年报。
资料来源：根据各上市银行年报及公开资料整理计算得到。

二、研究指标选择的理论分析及研究方法

从战略投资者的性质来看，其经营目的是通过对被投资企业进行相应的治理结构改善、风险控制提升和业务创新能力的提高从而达到股东利益最大化的目的。因此，引入 FSI 前后的 LBs 基本特征有很大差别。一般情况下，我们认为公司的治理状况、安全性、盈利能力以及成长性能全面反映公司的基本特征，因此本章将分析 LBs 引入 FSI 前后，LBs 在这四个方面的变化情况，进而说明境外战略投资者持股是否对 LBs 有实质影响。

（一）治理状况

近年来，越来越多的研究发现治理状况对银行经营和银行价值会产生重要影响，完善的治理结构有利于提高银行未来价值，因此 FSI 对于其所投资对象的公司治理必然重视。

第一，传统的产权理论认为，产权从公有变为私有的过程中会增加激励效果，从而提高企业效率。国家作为银行的股东，具有非人格

化的主体特征，使得本应属于集中的股权结构优势的大股东监管虚位，而独立于股东或投资者外部人的经理人员掌握了企业实际控制权，在公司战略决策中充分体现自身利益，甚至内部各方面联手谋取各自的利益，从而架空所有者的控制和监督，使所有者的权益受到侵害，产生内部人控制问题。Bonin、Hasan 和 Wachtel 研究指出国有银行的绩效低于私有银行的绩效，许多发展中国家的银行通过引进战略投资者对国有银行进行改革，改变了落后的产权制度，提高了银行的竞争力。因此，引入 FSI 后，LBs 国有股权比例较引入前小。

第二，在“一股独大”的特殊股权结构中，所有作为外部公司治理机制的资本市场、经理人市场和控制权市场都无法发挥作用，因此，大股东可以利用其控股地位从事掠夺和侵害中小股东利益的活动。这已成为我国公司治理中的主要问题。此外，在“一股独大”的股权结构中，大股东直接选拔高层经理，又拥有公司重大经营决策权，公司经理层的经营行为直接贯彻大股东的意志，因此，大股东与经理层共同构成上市银行公司治理中的“内部人”。因此，引入 FSI 后，LBs 第一大股东持股比例较引入前小。

第三，股权集中度的提高有利于增强股东对银行经营管理的监督，保证银行以实现股东的利益为目标，实现公司价值最大化。股权集中度的提高也有利于战略投资者积极参与上市银行的经营管理，提出有益于银行发展的建议，帮助银行提升绩效水平和核心竞争力。Shleifer 和 Vishny 指出，只有股权集中型公司的控股股东才有足够的激励去收集信息并有效监督管理层，相对于股权分散型公司具有较高的盈利能力和市场表现。因此，引入 FSI 后，LBs 前三位股东持股比例较引入前大。

第四，如果董事会规模过大，会限制董事会作用的发挥。这种不良影响，首先表现为董事会规模太大会出现董事会成员间沟通与协调困难；其次表现为董事会成员倾向于不再坦率地批评总经理的错误做法，或者对总经理的工作绩效进行直率的评价，原因在于在很多董事会成员面前批评总经理会招致其极大的怨恨和报复；最后表现为董事会成员会产生“搭便车”的动机。这种情况在董事会成员们所持股份较少、公司项目失败或经营亏损对董事们而言实际损失不大的情况下更为明显。因此，引入 FSI 后，LBs 董事会规模较引入前小。

第五，Morck 利用《财富》500 强中 371 家公司数据，实证分析了经营者所有权与托宾 Q 值的分段线性关系。他发现，随着经营者所有权的增加，托宾 Q 值随之增大。与非管理层董事相比，管理层董事深谙商业银行的经营之道，可以为董事会提供符合银行实际经营情况的信息，使董事会做出更有利于银行发展的决策。因此，引入 FSI 后，LBs 管理层介入董事会的比例较引入前大。

第六，独立董事制度一方面可以制约内部大股东利用其控制地位做出不利于公司中小股东的行为，另一方面可以独立地监督公司的经营管理层，减轻内部人控制带来的问题。美国投资者责任研究中心在研究中发现，董事会的独立性与股东回报率及公司的价值呈正相关关系，表明具有积极的独立董事的公司比那些具有被动的非独立董事的公司运行更好。因此，引入后，独立董事比例较引入前大。

第七，股权激励的激励效应是通过在各方均认同的股权激励制度实施过程中，实现对企业管理层和员工进行激励和约束，同时企业本身也可以从这种股权安排中受益，从而达到实施股权激励的目的。股权激励制度可缓解目前面临的成长极限问题，调整企业内部结构，释放组织潜能，从而突破管理瓶颈，完成企业的再次创业发展。实施股权激励还有助于解决公司用人难、留人难的问题，以股权吸引和挽留经理人才，通过改进经营管理，提高公司的效益和发展能力，使市场价值提升，最终实现对经营者的激励并推动企业长期发展。因此，引入 FSI 后，LBs 存在股权激励。

第八，监事会的成员为了更敢说真话而不随意附和董事会和大股东，它应该有一定的独立性，监事会中外部监事的比例提高有利于监事会对董事会和经理层监督的客观性和公正性，进而影响管理层的决策。我国法律并没有硬性规定股份制银行必须聘请外部监事，而实际上，很多股份制银行的监事会成员来自银行之外的单位，这在一定程度上能起到独立监督的作用。我们把在股份制银行中仅仅担任监事职务的监事称为外部监事。外部监事的独立性将会有效地监督和规范董事、经理执行银行职务时的行为，从而提高银行的业绩。因此，引入 FSI 后，LBs 外部监事比例较引入前大。

（二）安全性

安全性是指避免经营风险，保证资金安全的要求。在经营中，银行自有资本所占的比重很小，而在资金的运用中可能会遇到各种各样的风险。一般来说，根据巴塞尔协议要求，资本充足率是体现银行安全性的基本指标。因此，引入 FSI 后的资本充足程度较引入前大。

不良贷款率是体现银行安全性的一个重要指标，银行较其他企业有所不同之一是其高负债率，高负债率导致了不良贷款增加，从而银行安全性出现问题。自引入 FSI 以来，上市银行的资产质量不断提高，不良贷款率近两年来一直呈下降趋势。因此，引入 FSI 后的不良贷款率较引入前有所下降。

（三）盈利能力

盈利能力的提高是上市股份制商业银行获得股东支持的基础条件之一，也是银行扩大规模，业务创新的源泉，更是其增强实力、巩固信用、提高竞争能力的基础。反映公司盈利能力的基本指标包括净利润增长率、净资产收益率和非利息收入占比。由于引入后的公司治理得到改善，从而使得的盈利能力得到提高。因此，引入 FSI 后的净利润增长率、净资产收益率和非利息收入占比均较引入前提高。

（四）成长性

主营业务收入增长率、资本积累率和每股净资产是反映股本扩张能力（成长性）的三项重要指标，其数额越大说明成长性越好。由于引入后的公司治理得到改善，使得其盈利能力提高，从而大大提升了其成长性。因此，引入 FSI 后的主营业务收入增长率、资本积累率、每股净资产均较引入前提高。

综上所述，得到预期比较指标如表 6–3 所示。

表 6-3 预期比较指标

类别	指 标	预期影响	定 义
治理状况	国有股持股比例	-	国家股股数/总股份
	第一大股东持股比例	-	第一大股东所持股份/总股份
	前三位股东持股比例	+	前三位股东所持股份/总股份
	董事会规模	-	董事会总人数
	管理层介入董事会比	+	管理层中担任董事的人数/董事会人数
	独立董事比例	+	独立董事人数/董事会总人数
	管理层股权激励	+	有取值 1，无取值 0
	外部监事比例	+	外部监事人数/监事会人数
安全性	资本充足率（CAR）	+	核心资本/总资本
	不良贷款率（NPLR）	-	不良贷款总额/存款总额
盈利能力	净资产收益率（ROE）	+	净利润/净资产平均值
	非利息收入占比（NIIA）	+	非利息收入/总收入
	净利润增长率（NPGR）	+	本期净利润/上期净利润-1
成长性	主营业务收入增长率（MBGR）	+	本期主营业务收入/上期主营业务收入-1
	资本积累率（RCA）	+	本期股东权益/上期股东权益-1
	每股净资产（NAS）	+	股东权益总额/普通股股数

注：指标选择参考了李维安、张维萍及中央财经大学中国银行业研究中心课题组（2007）等相关研究。“-”表示好的指标值应是较低的值；“+”表示好的指标值应是较高的值。

三、建立模型

国外研究文献表明，境外战略投资者的进入将对上市银行公司治理产生一定的影响，并导致公司管理层行为的改变，从而使公司绩效和市场价值发生相应的变化。前面的理论分析和假设给出境外战略投资者的介入前后对改进上市银行公司治理和经营绩效的预期对比分析，但境外战略投资者对上市银行公司治理和经营绩效是如何改善的，需要进行回归分析。因此，需对以下模型进行检验。

在研究引入 FSI 对银行的公司治理的影响时，模型（6-1）与模型（6-2）的因变量是根据南开大学公司治理研究中心，在坚持国际标准并结合中国实际的指导思想下，构建并推出的“中国公司治理评价指标体系”，以及色诺芬数据库数据编制的上市银行公司治理指数 $LBsCG_{index}$。进行 Hausman 检验结果表明，下面的 Panel Data 模型是个体固定效应模型，而不是时间固定效应模型或个体时间固定效应模型，限于篇幅，这部分检验结果省略。

$$LBsCG_{index} = \alpha_0 + \alpha_1 FSIshare + \alpha_2 Macro + \alpha_3 FM + fixed\text{-}effects + \mu_i \tag{6-1}$$

$$LBsCG_{index} = \beta_0 + \beta_1 FSIshare + \beta_2 Macro + \beta_3 FM + \mu_i \tag{6-2}$$

FSI 有可能通过“用手投票”或“用脚投票”的方式对 LBs 的业绩产生影响，所以我们以第 t 年 FSI 持股比例作为自变量，以第 t-1 年的银行业绩作为因变量，建立回归方程（6-3），如果 λ_1 显著则表明存在“用手投票”效应，即 FSI 会选择业绩好的 LBs 进行战略投资。“用手投票”和“用脚投票”这两种效应可能同时存在，即 FSI 持股比例与 LBs 业绩存在内生性问题。因此，以引入后第 t+1 年的 LBs 业绩指数作为自变量，以第 t 年 FSI 持股比例作为因变量建立回归方程（6-4）进行分析，同样，如果方程（6-4）中的 η_1 显著，则表明不存在“用脚投票”效应，即 FSI 持股比例对 LBs 的业绩改善起到积极的作用。对回归模型进行 Hausman 检验，P 值显示接受原假设，即选用随机效应模型。因此，建立联立方程组：

$$Perf_{t+1} = \eta_0 + \eta_1 FSIshare_t + \eta_2 Macro_t + \eta_3 FM_t + \mu_i \tag{6-3}$$

$$FSIshare_t = \lambda_0 + \lambda_1 Perf_{t-1} + \lambda_2 Macro_{t-1} + \lambda_3 FM_{t-1} + \mu_i \tag{6-4}$$

模型（6-1）~模型（6-4）中宏观经济变量（Macro）包括通货膨胀率(Infla)、人均真实 GDP（GDPper）、汇率水平（Eer），金融市场变量（FM）包括商业银行向私人部门贷款占 GDP 的比率（Lending）、市场资本总额占 GDP 的比率（MarCap）、股票收益率（StockRe）。μ_i 均是误差项。模型（6-3）和模型（6-4）式中 Perf 分别代表表 6-3 中定义的 CAR、NPLR、ROE、NIIA、NPGR、MBGR、RCA、NAS。

第三节　实证分析

一、FSI 持股 LBs 前后公司特征指标比较分析结果

因为本章是对两个小样本做配对检验，在使用 T 检验前，需要判断两样本的总体是否符合正态分布，因此需要对引入前的样本和引入后的样本做正态性检验，用 SPSS 软件对所用样本数据进行正态性检验，Kolmogorov-Smirnov 检验结果表明，Z 值等于 0.534，P 值等于 0.951>0.5，同时，偏度系数 Skewness=-0.36，峰度系数 Kurtosis=-0.489，两个系数均小于 1，因此可认为数据呈近似正态分布。表 6-4 是 LBs 引入 FSI 前后的公司特征指标进行统计分析的结果。

表 6-4　LBs 引入 FSI 前后公司特征比较

变量		引入后数据		引入前数据		均值差	T 检验	Z 检验
		均值（1）	中位数（2）	均值（3）	中位数（4）	（1）-（3）	（1）与（3）	（2）与（4）
治理状况	国有股持股比例	0.682	0.587	0.791	0.613	-0.109	-3.820***	-4.125***
	第一大股东持股比例	0.413	0.426	0.478	0.461	-0.065	-4.236***	-3.985***
	前三位股东持股比例	0.561	0.552	0.551	0.549	0.010	5.256***	3.727***
	董事会规模	16.482	16.435	15.927	15.567	0.555	2.147**	4.432***
治理状况	管理层介入董事会比例	0.391	0.324	0.378	0.386	0.013	1.787*	4.783***
	独立董事比例	0.323	0.317	0.297	0.268	0.026	5.464***	9.613***
	管理层股权激励	0.003	0.002	0.001	0.001	0.002	6.567***	7.986***
	外部监事比例	0.329	0.316	0.311	0.322	0.018	4.453***	9.265***
安全性	资本充足率	0.298	0.286	0.269	0.251	0.029	4.122***	8.543***
	不良贷款率	0.051	0.052	0.062	0.078	0.039	9.261***	4.729***
盈利能力	净资产收益率	0.341	0.331	0.287	0.236	0.054	7.356***	7.902***
	非利息收入占比	0.178	0.175	0.169	0.166	0.009	6.868***	5.915***
	净利润增长率	0.328	0.316	0.287	0.291	0.041	1.934**	4.923***

续表

<table>
<tr><th colspan="2" rowspan="2">变量</th><th colspan="2">引入后数据</th><th colspan="2">引入前数据</th><th>均值差</th><th>T 检验</th><th>Z 检验</th></tr>
<tr><th>均值 (1)</th><th>中位数 (2)</th><th>均值 (3)</th><th>中位数 (4)</th><th>(1)-(3)</th><th>(1) 与 (3)</th><th>(2) 与 (4)</th></tr>
<tr><td rowspan="3">成长性</td><td>主营业务收入增长率</td><td>0.297</td><td>0.301</td><td>0.268</td><td>0.271</td><td>0.029</td><td>5.548***</td><td>8.184***</td></tr>
<tr><td>资本积累率</td><td>0.006</td><td>0.008</td><td>0.005</td><td>0.007</td><td>0.001</td><td>3.456**</td><td>4.287***</td></tr>
<tr><td>每股净资产</td><td>0.041</td><td>0.047</td><td>0.039</td><td>0.040</td><td>0.004</td><td>1.876*</td><td>3.166***</td></tr>
</table>

注：* 表示在 0.1 的水平上显著；** 表示在 0.05 的水平上显著；*** 表示在 0.01 的水平上显著。

根据表 6-4 中 T 检验和非参数 Z 检验的结果，我们发现，除了董事会规模、不良贷款率与预期相反以外，其他治理指标均与理论预期相一致，这表明我国引入 FSI 后银行的公司治理结构得到了很大的改善，从而也使得相关的安全性、盈利能力得到提升（宋增基等）。

二、模型（6-1）~模型（6-2）的回归结果

从单一指标比较分析可以看出，引入 FSI 后银行的公司治理结构得到了很大的改善，从而也使得银行的公司治理结构进一步完善，相应的安全性、盈利能力得到提升。但改善的机制是什么？这都有待我们用回归分析去检验。模型（6-1）~模型（6-2）的面板数据回归结果如表 6-5 所示：

表 6-5 FSI 持股比例对上市银行公司治理指数的影响

<table>
<tr><th rowspan="3">变量</th><th colspan="2" rowspan="2">系数</th><th colspan="2" rowspan="2">标准误</th><th colspan="2" rowspan="2">t 值</th><th colspan="2" rowspan="2">P>| t |</th><th colspan="4">95% Conf. Interval</th></tr>
<tr><th colspan="2">Low</th><th colspan="2">Up</th></tr>
<tr><th>模型 (6-1)</th><th>模型 (6-2)</th><th>模型 (6-1)</th><th>模型 (6-2)</th><th>模型 (6-1)</th><th>模型 (6-2)</th><th>模型 (6-1)</th><th>模型 (6-2)</th><th>模型 (6-1)</th><th>模型 (6-2)</th><th>模型 (6-1)</th><th>模型 (6-2)</th></tr>
<tr><td>constant</td><td>33.032</td><td>36.601</td><td>10.477</td><td>4.037</td><td>1.15</td><td>9.07</td><td>0.002</td><td>0.000</td><td>12.473</td><td>28.679</td><td>53.592</td><td>44.523</td></tr>
<tr><td>FISshare</td><td>1.303</td><td>1.066</td><td>2.019</td><td>3.012</td><td>1.52</td><td>5.24</td><td>0.129</td><td>0.000</td><td>−0.508</td><td>0.641</td><td>2.169</td><td>3.091</td></tr>
<tr><td>Infla</td><td>0.235</td><td>−0.369</td><td>0.271</td><td>0.052</td><td>1.38</td><td>2.59</td><td>0.046</td><td>0.024</td><td>−6.548</td><td>−3.762</td><td>−0.531</td><td>2.298</td></tr>
<tr><td>GDPper</td><td>−0.046</td><td>0.652</td><td>0.045</td><td>0.082</td><td>0.63</td><td>1.62</td><td>0.004</td><td>0.023</td><td>−1.358</td><td>2.745</td><td>3.662</td><td>4.740</td></tr>
<tr><td>Lending</td><td>1.356</td><td>2.684</td><td>2.753</td><td>3.866</td><td>1.95</td><td>2.37</td><td>0.057</td><td>0.008</td><td>1.537</td><td>0.756</td><td>6.892</td><td>7.884</td></tr>
<tr><td>MarCap</td><td>0.433</td><td>0.579</td><td>0.426</td><td>0.525</td><td>1.27</td><td>2.15</td><td>0.004</td><td>0.000</td><td>−7.908</td><td>0.527</td><td>0.125</td><td>3.587</td></tr>
<tr><td>StockRe</td><td>1.359</td><td>2.125</td><td>0.853</td><td>1.396</td><td>2.53</td><td>2.75</td><td>0.007</td><td>0.024</td><td>0.301</td><td>0.527</td><td>2.327</td><td>3.587</td></tr>
<tr><td colspan="13">模型（6-1）：sigma_u=4.3091 sigma_e=3.4264 Adjusted R2=0.1178 prob>F=0.0000
模型（6-2）：Adjusted R2=0.2146 prob>F=0.0000</td></tr>
</table>

注：①模型中控制变量在 0.1 置信水平下不显著的均从表格中剔出；②表中模型（6-1）是不考虑机构投资者滞后效应的 Panel Data 结果，模型（6-2）考虑机构投资者滞后效应的 OLS 结果。

表 6–5 显示，在模型（6–1）中，当期境外战略投资者持股比例与公司治理指数之间存在正相关关系，但系数并不显著。在模型（6–2）中，前一期境外战略投资者持股比例与当期公司治理指数之间存在显著的正相关关系。换句话说，FSI 的介入，使得上市银行治理水平得到提高。

FSI 的介入为什么能提高上市银行治理水平呢？主要原因有：一是上市银行特别是国有商业银行通过引入境外战略投资者，股权结构由高度集中，“一股独大”向有一定集中度、存在相对控股股东的模式转变，有效提高国有商业银行的公司治理效率。二是境外战略投资者由于持有一定数量的股权，必然要求进入银行董事会参加公司治理，有助于促进国有商业银行内部治理机制的完善。三是上市银行引入的境外战略投资者必须具备条件之一是有丰富的金融业管理背景，有成熟的金融业管理经验、技术。所以引进 FSI 是一种有效的外部监督，可减少滋生“内部人控制”。

三、模型（6–3）~模型（6–4）的回归结果

为了更全面地研究 FSI 持股比例对 LBs 的影响，我们进一步分析 FSI 进入后对 LBs 在安全性、盈利性、成长性方面的影响，回归结果如表 6–6 所示。

表 6–6　FSI 持股 LBs 对上市银行安全性、盈利性、成长性方面的影响

变量	安全性				盈利能力			
	$FSIshare_t$	CAR_{t+1}	$FSIshare_t$	$NPLR_{t+1}$	$FSIshare_t$	ROE_{t+1}	$FSIshare_t$	$NIIA_{t+1}$
Constant	45.168* (1.771)	−85.962* (−1.535)	25.730*** (6.582)	−27.615** (−7.870)	4.516** (7.003)	−4.703*** (−8.094)	1.602*** (3.830)	−1.652*** (−9.956)
FSIshare		1.628** (3.037)		0.276*** (5.928)		0.632*** (4.246)		0.514*** (6.331)
CAR	0.099** (1.953)							
NPLR			0.238*** (8.127)					
ROE					0.222*** (8.142)			

续表

变量	安全性				盈利能力			
	$FSIshare_t$	CAR_{t+1}	$FSIshare_t$	$NPLR_{t+1}$	$FSIshare_t$	ROE_{t+1}	$FSIshare_t$	$NIIA_{t+1}$
NIIA							0.342*** (3.936)	
Infla	0.099 (1.055)	-0.392 (1.408)	0.075* (1.581)	-0.065* (-1.835)	-1.205*** (2.763)	-0.274 (-0.767)	-0.437*** (-4.429)	1.903 (1.072)
GDPper	0.219 (1.194)	-0.061 (-1.216)	0.171 (0.095)	-1.407 (-1.405)	-1.205*** (-2.763)	0.438** (2.006)	-0.086 (-0.663)	0.068* (1.774)
Eer	-1.785 (-1.156)	2.568 (0.773)	0.325* (1.882)	1.864 (1.196)	0.158 (0.164)	-0.497*** (-2.783)	1.223* (1.649)	0.886 (0.868)
Lending	0.287 (0.299)	0.645** (2.344)	1.289* (1.991)	0.074 (0.490)	0.004 (0.822)	-0.251 (-0.272)	1.205 (1.495)	0.069 (0.818)
MarCap	0.009 (0.156)	-0.279** (-2.207)	0.318*** (7.558)	-0.061*** (-9.209)	-0.795** (-1.974)	-0.021*** (-3.049)	0.286*** (6.682)	0.037 (0.169)
StockRe	0.337*** (3.871)	0.535 (0.778)	0.134*** (3.599)	1.563*** (4.452)	-0.152** (-2.026)	0.570*** (9.277)	-0.175** (-1.915)	0.091*** (8.010)
AdjustedR2	0.369	0.191	0.196	0.417	0.537	0.209	0.315	0.211
P 值	0.96	0.72	0.21	0.36	0.33	0.58	0.79	0.81
Constant	2.290** (2.608)	-2.156*** (-5.914)	1.523*** (5.575)	-1.173** (-2.949)	67.118*** (8.012)	98.503** (5.104)	3.346*** (6.733)	3.372*** (18.641)
FISshare		0.015** (2.012)		0.713*** (4.110)		1.224*** (4.895)		0.653*** (6.674)
NPGR	0.237*** (7.643)							
MBGR			1.618*** (6.885)					
RCA					0.152** (2.527)			
NAS							0.069*** (3.386)	
Infla	-0.037 (-0.020)	1.348 (0.938)	-0.011 (-0.491)	1.928 (0.316)	0.025 (0.496)	-3.702* (-1.583)	0.070 (0.163)	-0.067** (-2.058)
GDPper	0.429 (0.810)	0.567 (1.189)	0.128 (0.556)	-0.164* (-1.657)	0.003 (0.285)	0.259*** (2.670)	0.054 (0.638)	-0.096* (-1.628)
Eer	0.208 (0.010)	-0.047 (-1.149)	-0.076 (-0.896)	-1.048 (-0.339)	-0.038 (-0.061)	-1.581 (-0.672)	-0.002 (-0.227)	2.497** (2，114)
Lending	2.888*** (2.803)	-0.713 (-1.284)	-0.902*** (-12.078)	0.062 (0.099)	-0.001 (-0.842)	-0.438 (-0.180)	0.237*** (7.642)	-2.246 (-0.913)
MarCap	0.986*** (7.040)	-0.008*** (-7.221)	2.415*** (5.007)	1.035 (0.125)	0.029 (0.231)	0.073** (2.013)	-0.152* (-1.759)	-0.317 (-0.122)

续表

变量	安全性				盈利能力			
	$FSIshare_t$	CAR_{t+1}	$FSIshare_t$	$NPLR_{t+1}$	$FSIshare_t$	ROE_{t+1}	$FSIshare_t$	$NIIA_{t+1}$
StockRe	1.397 (0.101)	0.165*** (3.525)	-8.662*** (-4.139)	0.086** (2.241)	-0.001*** (-3.101)	1.605** (2.722)	0.049 (1.225)	0.208* (1.827)
AdjustedR2	0.046	0.140	0.328	0.377	0.429	0.158	0.192	0.436
P 值	0.63	0.68	0.37	0.28	0.66	0.14	0.49	0.53

注：括号中为 t 值。显著性水平：* 表示 p<0.1；** 表示 p<0.05；*** 表示 p<0.01。

从表 6-6 分析，LBs 前期的业绩与 FSI 持股比例存在显著正相关，即存在“用手投票”。也就是说 FSI 对风险很敏感，它们在选择投资对象时，通常对 LBs 前期的业绩进行细致的比较，再做战略投资决策。另外，FSI 持股比例对 LBs 后期业绩的影响显著为正，即存在“用脚投票”，这与我们的预期一致。通货膨胀率、人民币汇率以及 GDP 水平等宏观变量对银行的业绩变量也不显著。这与郭研的回归结果是一致的，说明我国银行业市场化发展程度并不高，政府的频繁干预使得银行业效率与实体经济的周期性关联程度较低。

回归结果显示：第一，FSI 持股比例对 LBs 的安全性指标的影响显著为正，即 FSI 持股比例与资本充足率、不良贷款率的降低存在正的相关性。以《新巴塞尔协议》所规定的 8%的额定资本充足率为基准，若外资持股比例上升 10%，可以使上市银行现有资本充足率上升约 7.4%。事实上，为尽快达到银监会关于银行 8%资本充足率的要求，充实资本金、补足坏账准备金一直是国内商业银行引入战略投资者的首要目标。国内银行的主营业务在短时间内无法改善的情况下，引入 FSI 能在快速充实资本金的同时还可以形成多元化的现代股权模式。另外，FSI 持股比例的增加可以显著地降低银行的不良贷款率。这是由于拥有科学的风险管理架构和流程及技术分析优势，使得 FSI 在进入上市银行后，相比于提高短期利润率，其更注重风险的管理，以期改善资产质量，获得长期稳定的利润。

第二，从表 6-6 中可以看出，FSI 持股比例对反映 LBs 盈利能力的三大指标净资产收益率、非利息收入占比和净利润增长率的影响都显著为正。这与王咏梅、孙亦军和兰向明的研究结论是相似的。从表6-1中13家LBs引入名称及时间来看，FSI都是国际著名银行、财务公司等金融机构，它们经过长期的发展拥有中间业务品种达2万多种，并从早期以结算、汇兑、账户服务、信托、交易服务等低附加值业务为主，逐渐向投资银行、资产证券化、风险投资等高附加值业务的方向转变。这些拥有技术和管理上优势的FSI入股我国LBs后，LBs将利用自身的网点优势结合FSI各方面的经验，拓宽中间业务（一些银行甚至获得短期融资券的直接承销权）和提高零售金融业务技术含量（利用"金控"公司推出各类组合型个人理财项目），从而增加了非利息收入的来源。拥有外资股权的上市银行更愿意雇用高质量的员工，投资于人力资本或者先进的风险管理技术，一方面造成较高的间接费用；另一方面也大大增加资产收益和利润。总体来看，入股上市银行显著提高了LBs的盈利能力。

第三，表6-6显示，FSI持股比例只与LBs成长性中三大指标之一每股净资产显著正相关，对其他两个指标主营业务收入增长率、资本积累率的影响都是显著为负。FSI的进入提高了每股净资产，这很容易理解，与张礼卿结论一致。从前文所述可知，FSI利用其中间业务方面的优势，迅速提高了LBs非主营业务收入。相比而言，LBs以往的主要收入来源是主营业务收入，FSI的进入对其总量影响很小，导致可能会降低主营业务收入增长率，从国际银行的经验和未来的趋势看，这是中国上市银行必须经历的一个过程。证监会发［2004］118号文件《关于加强社会公众股股东权益保护的若干规定》后，我国上市公司分红意识和力度都有很大的提高，但由于股权结构不合理和信息披露不及时，与成熟资本市场相比存在分红偏低特别是现金分红普遍偏低的问题。长期在分红的环境下成长，且分红周期短的FSI通常认为分红政策往往是判断LBs是否具有投资价值的重要依据，分红不仅代表LBs现在的盈利能力，也代表LBs未来的发展前景。所以FSI会要求LBs加大分红力度，可能造成资本积累率的降低。

第四节　本章小结

随着中国资本市场改革的加深，我们有必要分析如何进一步完善中国国有银行公司治理机制。战略引资是我国商业银行改革的必经之路，境外战略投资者的引入能有效改善银行股权结构、提高管理水平与创新能力。

首先引进境外战略投资者可以优化银行股权结构，“一股独大”的股权结构将向有一定集中度、存在相对控股股东的模式转变，形成一定的股权制衡，有利于提高银行治理的效率。

其次境外战略投资者参与董事会的决策和监督，行使股东和董事的权利，能更好地完善银行内部治理机制。

最后境外战略投资者大多是经验丰富、实力雄厚的投资银行，它们拥有成熟的金融业管理经验、技术以及丰富的金融产品和创新经验，引进境外战略投资者不但能起到有效的外部监督作用，还能提高银行的资本充足率以及创新能力。

目前，中国工商银行、中国建设银行、中国银行都已经稳居全球市值大银行前十名。这些银行要真正从最大转变成最强的银行，仍有很多工作要做。中国银行业要想有效防范金融风险、培育国际化的巨型金融控股集团，就必须促使上市银行完善公司治理结构，转变成真正的现代商业银行。当然，引进境外战略投资者只是“万里长征”的第一步，关键是要做好引进后的吸收、整合、创新等工作。

第七章　银行信息披露与治理绩效

第一节　引言

安然公司的轰然倒塌和一系列暴露的公司会计丑闻，如世界通信、环球电信以及美国的许多其他公司，引起了世人的瞩目。围绕这些会计丑闻，有许多复杂的问题，但在关于这些复杂问题的争议中有一个共识，那就是这些会计欺诈对经济和社会非常有害。

首先，类似的欺诈通常导致大量经济资源的浪费。一部分公司的不诚实行为可能会引发一个恶性循环——财务信息披露越不真实导致投资者越不信任公司，这反过来又使公司更不愿意真实地披露信息。这样发展下去，有些诚实公司拥有真正可以为经济创造财富和就业机会的投资项目，却难以或者不可能从股票市场筹集资本，从而可能导致不诚实的公司把诚实的公司挤出股票市场，产生了“劣币驱逐良币”的恶性效应。其次，会计欺诈通常发生在经济繁荣和股市泡沫的顶峰时期，随后在股市泡沫破裂后的经济衰退期被曝光。会计欺诈事件发生和暴露的这种时间周期的可怕之处是，它会加深与加长周期性的过热与衰退阶段。最后，会计欺诈以及大多数欺骗性会计行为（利用会计规则的灵活性或者法律制度的漏洞）对金融市场和经济的破坏本质上也是相似的。

如上所述，公司治理是指通过一套包括正式或非正式的、内部或外部的制度或机制来协调公司与所有利益相关者之间的利益关系，以保证公司决策的科学性，从而最终维护公司各方面的利益。会计作为“当今公司治理结构的语言”，主要体现了公司治理的机制和效果，其基本目标是向信息使用者提供有利于其决策的可靠、相关的会计信息。会计信息质量的高低源自公司的治理行为。

在公司治理结构形成与运行的过程中，会计信息披露发挥着重要的作用；同样，有效的公司治理结构也有助于上市公司会计信息质量的改进。财务会计在公司治理制度安排中扮演信息提供者和监督管理者的重要角色，是所有者对经营者进行控制的主要工具。财务会计与公司治理结构之间的关系是系统与环境之间的关系，系统与环境相适应、协调才能有助于系统目标的实现。因此，公司治理结构这一制度环境在很大程度上会影响会计信息质量。国内外企业普遍存在的会计信息失真现象，也许可以找出若干条原因，但事实证明了这样一个道理，即不完善的公司治理是所有问题的重要根源，有缺陷的公司治理无法保证会计信息的高质量。综上所述，会计信息系统与公司治理有着天然的联系：公司治理机制有效，才能保证会计信息的可靠性和相关性；而会计信息的可靠性和相关性是公司治理的基本条件。

于是，公司治理和会计信息披露体系成为现代企业制度的精巧设计，两者相互影响，相互促进，互动已经成为公司治理和会计信息披露存在和发展的方式。公司治理结构框架对会计信息披露的要求、内容和质量产生直接影响。一般而言，公司的会计信息披露存在边界：外部边界由信息披露的外部制度，即法律法规来决定；内部边界则由公司治理结构框架来决定。为了促进资本市场的稳健发展，保护投资者特别是中小投资者的利益，必须把健全公司治理结构和完善会计信息披露体系有机地结合起来，构建基于公司治理的会计信息披露系统。

对公司治理与会计信息质量之间的相互关系的经验研究，是近年来学术研究的焦点与重心之一。该领域内的研究，一般可以粗线条地分为两类：第一类是验证财务会计信息对公司治理的影响，典型的文献如 Bushaman（2001）、Baker 和 Wallage（2000）等，其理论基础在于：高质量的会计信息披露是健康的公司治理所必不可少的环节之一——(已审计的）会计信息作为企业产出的替代变量，维系着企业作为一个人力资本和财务资本所有者缔结契约的均衡，是衡量监督和激励是否相容（Compatible)、剩余索取权和剩余控制权是否匹配(Matching）的关键，一定程度上影响着公司治理的效率（杜兴强，2007)。第二类研究则关注公司治理（含公司治理的各项因素）对会计信息的影响，“良好的公司治理机制往往可以改善会计信息披露质量”。本章的研究可以归类为上述第二类，即主要侧重于公司治理的因素对会计信息质量影响的经验研究。

关于公司治理与会计信息质量之间关系的经验研究，已有的研究主要从股权结构和董事会特征两个方面进行。在股权结构与会计信息质量的关系方面，Warfield 等（1995）提出，当管理人员持股或机构投资者所占股权增加时会降低代理人成本，因此也减少了经理人员操纵盈利数字的可能性。La Porta 等（1997、1999）发现，股权集中度与财务报告质量负相关。Beasley（1996）研究发现，发行在外的普通股比例越高，则公司发生财务舞弊的可能性越小。在董事会特征与会计信息质量的关系方面，Beasley（1996）的研究还发现，公司外部董事的比例越大、灰色董事和独立董事越多，发生财务报告舞弊的可能性就越小；董事会规模越大，公司越可能发生财务报告舞弊。Wright(1996）研究发现，审计委员会成员持有的股份比例与财务报告质量负相关，审计委员会会议次数与会计信息质量正相关。Peasnell（1998）和 Chtourou 等（2001）发现，外部董事持股比例与使利润增加的操纵性应计利润负相关，外部董事持股比例高能够抑制公司的盈余管理行为。Chtourou 等（2001）还发现，董事会规模与减少利润的盈余管理负相关。刘立国和杜莹（2003）发现，流通股比例越高，公司发生财务报告舞弊的可能性就越小；当第一大股东为国资局时，财务报告舞弊发生的可能性增加；前十大股东持股比例与财务报告舞弊的发生负相关。但他们的研究是用是否发生财务报告舞弊来代表会计信息质量，这种代表性较弱，且选取 26 家被处罚的上市公司作为样本，并选取

26 家没有被处罚的上市公司作为配比样本，样本量不足影响了研究成果的代表性。

当前，国内外学者对公司信息披露的研究较多，但关于金融业特别是银行业信息披露的研究还很鲜见。一般公司的研究结论是否也适用于金融业，是一个值得商榷的问题。本章沿用研究一般公司治理问题的理论，利用实证的研究方法，对我国上市银行信息披露与公司治理问题进行分析，一方面检验一般公司的研究结论是否适用于金融行业，另一方面以期发现银行信息披露与公司治理之间的关系，为我国上市银行信息披露与公司治理提供经验证据。

通过对公司治理多年发展状况的回顾，Denis（2001）将公司治理机制划分为内外部控制机制。内部控制机制包括董事会治理、股权治理、债务融资治理和经理人激励合约设计等；外部控制机制包括政治及法律途径、产品及要素市场竞争、公司控制权市场和声誉市场等。本章在 Denis（2001）研究基础上系统研究银行公司治理对信息披露水平的影响，由于部分数据不可量化，本章考虑了五个治理机制。

第二节　研究设计

一、理论分析与研究假设

（一）公司治理结构——内部控制机制

董事会是公司治理的核心（Fama 和 Jensen，1983），它具有保护相关者利益和监督公司管理层的责任，改进公司董事会，如增强其独立性、增进其识别财务报告问题的专业能力、明确其审核相关财务报告流程职责等，被认为是改进公司治理实务及与其相关的财务呈报质量的根本举措。这也可从各国治理准则制定和变迁中窥见一斑，它们旨在指引公众公司如何变革董事会的某些特征，达到规范经理层行为的目的。从控制权的行使角度看，董事会对公司控制权的具体行使直接影响着其对财务报告流程的控制，进一步关系到公司财务报告的质量，而对董事会控制权安排的方式与行使结果可以从观测事后的董事会特征来进行推测与描述，由此衍生出学术研究上最值得探讨与议论的共同话题，即董事会特征与会计信息披露质量之间的相关性问题。

1. 董事会规模

Lipton 和 Lorsch（1992）、Jensen（1993）指出，董事会的规模较大会导致其内部协调能力变差，从而影响其对 CEO 的监管。Yermack（1996）的研究支持这个结论，他发现托宾 Q 与董事会规模之间呈显著负相关关系。Eisenberg 等（1998）也发现，公司盈余与董事会规模之间具有正相关关系。

董事会规模主要从两个方面影响其对管理当局的监督效应，一是董事会整体的专业素养和提供服务的能力；二是信息沟通与决策效率。不少研究者对董事会规模与财务报告质量的关系给予了关注，并形成各种不同相关性的检验结果。也就是说，是否要增大董事会规模，关键取决于因扩大规模而增强董事会整体执业水平和专业能力导致的监督收益与更差的信息沟通和决策制定效率增加的边际成本之间的权衡。

董事会规模过大时，董事之间的交流受到阻碍，效率会降低，同时董事会成员不倾向于主动指出总经理的错误决策，在评价、监督经理时出现跟风的情况，从而降低董事会的控制和监督能力，不利于减少管理层盈余管理行为。国外的很多研究表明董事会规模为 7~12 人是比较合适的。我国《公司法》规定，股份有限公司的董事会成员应为 5~19 人。基于此，我们假设：

假设 1： 董事会规模与会计信息披露质量负相关。

2. 独立董事比例

Weisbach（1988）发现，在公司业绩变差时，解雇 CEO 的可能性与外部董事的比例正相关。Rosenstein 和 Wyatt（1997）的研究表明，外部董事的当选与股票价格之间正相关。此外，他们还发现，当内部董事拥有较少（较多）股权时，内部董事的当选与股票价格之间呈负（正）相关关系。Raheja（2000）也发现内部董事与外部董事之间的博弈决定了董事会的监督功能。

2001 年 8 月 16 日中国证监会发布《关于在上市公司建立独立董事制度的指导意见》，要求在 2002 年 6 月 30 日前上市公司董事会成员中应当包括 2 名独立董事，其中必须有 1 名会计专业人士。在 2003 年 6 月 30 日前上市公司董事会成员中应当至少包括 1/3 独立董事，并详细规定了独立董事的任职条件和权限。这都为独立董事影响盈余稳健性提供了必要条件：一方面，稳健性能够约束经理人的机会行为主义，降低经理人与股东之间的代理成本，这与独立董事的职责相吻合，可以预期，独立董事比例高的公司，对经理人的监管能力更强，更能够延迟盈余对好消息的反应速度；另一方面，独立董事还具有保护中小股东的职责，当公司内部人可能侵占外部中小股东的利益时，独立董事应发挥其职责，保护中小股东的利益，体现市场公平。因此，我们假设：

假设 2：独立董事比例与会计信息披露质量正相关。

3. 领导权结构

Baysinger 和 Bulter（1985）、Pound（1992）等均发现，两职合一的 CEO 能够通过制定董事会议程和控制信息流，使董事会不能有效履行其监管职责。Pi 和 Timme（1993）的研究支持了这个结论，他们发现商业银行的绩效与 CEO 的二元性负相关。Goyal 和 Park（2002）的研究认为，当 CEO 与董事长职务由一人担任时，公司信息披露的透明度显著降低。

证监会把董事长与总经理的两职分任作为完善公司治理的一项重要举措。根据代理理论，两职分任可以提高董事会独立性，增强对经理人的监管作用。但同时，两职分任由于可能破坏公司管理战略的连续性，加大董事长与经理人之间的竞争等而增加管理成本，有损于投资者利益。于东智（2003）认为，由于监管部门的政策效应，两职分任的公司逐年增多，但任职状态与公司业绩并没有显著的关系。

由于我国公司治理结构还不太完善，总经理兼董事长会使其权力过大，制衡不足，内部人控制更严重。因此，在我国两职合一会使大股东更加有操纵利润的机会。因此，我们假设：

假设 3：两职合一的领导权结构与会计信息披露质量负相关。

4. 最大股东持股比例

股权结构对管理层的会计盈余信息的供给具有监督和约束作用，进而对会计信息披露质量具有重要的影响。公司股权结构的不同，股东的所有权和经营权的分离程度也会不同，股东在公司治理机制中的地位和所赋予的权利也不相同。不同股权结构下，不同持股主体股东的行为动机和利益获取方式都存在着差异，必然深深影响着管理层的行为（如盈余管理）。其中，大股东控制条件下大股东（或控股股东）侵占小股东利益就是一个典型的问题。集中的所有权结构虽然提高了大股东监督公司管理层的动机和能力，大大降低了大股东与经理人之间的代理成本，但由于大股东和小股东的利益并非完全一致，为了降低资本锁定风险，大股东具备侵害小股东利益的能力和动机。尤其大股东派出的代表往往在董事会中居控制地位，实际上大股东可以有效地控制公司管理层，使管理层为大股东的利益最大化而不是公司价值最大化而努力。所以，在大股东控制的情况下，公司的自愿披露决策必然发生较大的变化（李远勤等，2007）。由于我国上市公司股权高度集中，存在着“一股独大”的现象，控股股东为了谋求自身利益最大化，很可能利用盈余管理做出侵害中小股东及其他利益相关者的行为。因此，我们假设：

假设 4：最大股东持股比例与会计信息披露质量负相关。

5. 公司负债比例

Jensen 和 Meckling（1976）开创了债务融资治理的先河。发达的金融市场促进了现代公司的发展，只有存在发达的金融市场，在公司进一步发展的时候，才有可能随时随地筹集到其所需要的资本，同时也为公司的闲散资金提供广阔的投资机会。债权人作为公司外部资金提供者，出于资金安全性考虑必然要求全面了解企业的财务状况，分析企业的潜在负债和风险。根据委托—代理理论，债权人将自有资金控制权让渡给其他公司后，自然会对该公司行为进行监督。公司会计信息作为债权人掌握公司信息的重要方式，其披露质量必然受到债权人的影响。

Aharoney 和 wary（1996）、Docking（1997）对 578 家银行 1985~1990 年贷款损失准备金的研究也发现类似的现象，一家银行突然声明提高贷款损失准备金会对其他未声明的银行股价带来负面影响。这表明市场对银行存在合理的推测行为，银行因此常常需要披露更多的信息。本章主要考虑公司负债比例作为债务融资治理的替代变量。因此，我们假设：

假设 5：总负债比例与会计信息披露质量正相关。

（二）产品市场竞争——外部环境

自愿披露动机理论认为上市公司自愿披露决策的主要影响因素包括管理层股票报酬计划动机、资本成本动机、公司控制权市场动机、诉讼成本动机、管理者才能信号传递动机和竞争劣势成本动机（Healy 和 Palipu，2001；李晓华，2002）。在自愿披露真实可靠的前提下，自愿披露收益主要指与资本市场相联系的较高的公司股票价格，自愿披露成本主要是与产品市场相联系的竞争劣势成本，以及来自司法体系的诉讼成本。上市公司应该综合权衡私人信息的披露收益与成本，根据具体情况做出合适的自愿披露决策。

产品市场的竞争状态对上市公司自愿披露决策有着重大的影响，即竞争劣势成本导致公司信息披露水平下降，竞争劣势成本是指上市公司因公开披露的信息被产品市场上的竞争对手获得而承担的成本。如果只考虑资本市场的影响，上市公司管理层会尽量多地披露对评估企业价值有用的私人信息，从而降低信息不对称的程度，获得较低的外部融资成本。由于假定买卖双方的理性预期以及卖方信息披露无成本，所以卖方会自愿地充分披露所有的产品信息（Grossman 和 Hart，1980；Grossman，1981；Milgrom，1981）。

然而，这种分析及其研究结论过于理想化，在现实世界中，披露成本的存在使私人信息的充分披露状态无法实现。具体到上市公司的情形，披露成本首先是竞争劣势成本，它来自产品市场竞争。原因在于与外部投资者之间的信息不对称促使上市公司更多地对外公开披露信息，但是，这些信息同样会被产品市场上的竞争对手获得，竞争对手可以利用上市公司自愿披露的信息做出对公司不利的生产经营决策，从而影响公司在产品市场的竞争地位，降低公司的期望收益，所以，竞争劣势成本阻碍了上市公司的自愿披露行为，竞争劣势成本的存在导致上市公司信息披露水平下降（Verrecchia，1983；Darrough 和 Stoughton，1990；Verrecchia，2001）。因此，我们假设：

假设 6： 产品市场竞争强度与会计信息披露质量负相关。

二、信息披露的数量刻画

从国外相关研究看，信息披露水平的评价标准主要有两种，即信息披露指数和会计盈余质量。其中，信息披露指数的编制工作烦琐，并且其客观性容易受到质疑，正如魏明海（2005）所说，"盈余是一种最重要、最综合、投资者最为关心的信息，盈余质量是会计信息质量的一个典型代表"。

盈余质量是指公司披露的盈余对其盈余水平的如实反映程度，或者说盈余的确认是否同时伴随相应的现金流入。近年来，Bhattacharya 等（2003）、Francis 等（2005），以及 Gietzmann 和 Ireland（2005）等都采用上市公司的会计盈余质量评价上市公司信息披露水平，实证地检验信息披露与资本成本的关系。因此，本章采用上市公司会计盈余质量来刻画信息披露水平。

会计盈余质量具有多种计量标准，最早应用的是 Bhattacharya 等（2003）设计的盈余激进度（Earning Aggressiveness），它反映了"报告收益的分布不能提供关于真正的但又不可观测的经济收益的程度"，即：

$$EA_t = \frac{ACC_t}{\Delta TA_{t-1}} \tag{7-1}$$

式中：

$$ACC_t = \Delta CA_t - \Delta CL_t - \Delta CASH_t + \Delta STD_t - DEP_t + \Delta TP_t \quad (7-2)$$

式中，EA_t代表第t年上市公司的盈余激进度；ACC_t代表第t年的应计总额；ΔCA_t代表第t年的流动资产增加额；ΔCL_t代表第t年的流动负债增加额；$\Delta CASH_t$代表第t年的货币资金的增加额；ΔSTD_t代表第t年的一年内到期的长期负债增加额；DEP_t代表第t年的折旧和摊销费用；ΔTP_t代表第t年的应缴所得税增加额；ΔTA_{t-1}代表第t-1年的总资产。

Bhattacharya等（2003）指出，盈余激进度计量上市公司在信息披露时避免报告损失而加快报告收益的倾向。因此，盈余激进度升高会导致上市公司更不透明，从而信息披露质量也更低。

但是，这种解释仅适用于采用激进盈余政策的公司。这是因为，这类公司的盈余激进度都是正数，此时，数值越大（绝对值越大），说明公司避免报告损失而加快报告收益的倾向越高，信息质量也就越低。而对于采取保守盈余政策的公司，其盈余激进度为负数，此时，数值越大（绝对值越小），说明公司加快报告损失而避免报告收益的倾向越低，信息质量反而越高。这种数值为负数的盈余激进度，也称为盈余保守度。所以，当样本公司的盈余激进度为正数时，盈余激进度与信息质量反向变化；当盈余激进度为负数时，盈余保守度就与信息质量正向变化。

鉴于盈余激进度的局限，Francis等（2005）采用当期应计总额与滞后期、当期和未来期现金流量的回归残差的标准差来衡量盈余质量；而Aboody等（2005）采用多期应计额与多期现金流量的回归残差的绝对值来衡量盈余质量；Gietzmann和Ireland（2005）在实证研究中分别检验采用激进或保守会计政策的上市公司。

借鉴Gietzmann和Ireland（2005）的做法，本章在实证研究中分别检验采用激进或保守会计政策的上市银行。具体而言，为消除激进或保守的会计政策的影响，根据盈余激进度的符号，将样本银行分为盈余激进的银行和盈余保守的银行，并分别采用盈余激进度（EAP）和盈余保守度（EAN）作为样本银行公共信息的替代变量。显然，对于盈余激进的银行，EAP 越高，盈余激进度（正数）的绝对值越大，盈余越激进，信息质量就越低；而对于盈余保守的银行，EAN 越高，盈余保守度（负数）的绝对值越小，盈余越不保守，信息质量越高。

三、数据和样本

研究选择目前在沪深 A 股市场上市的全国股份制商业银行，一共有 11 家银行作为研究样本。其中，建设银行、中信银行、交通银行和兴业银行 2007 年后才上市，样本时间选取 2007~2009 年，工商银行、中国银行、招商银行、民生银行、华夏银行、浦发银行以及深圳发展银行上市时间较早，选择的时间段为 2006~2009 年。最后得到总共 40 个观测值。之所以选择这个时间段，是因为 2006 年后我国金融市场完全对外开放，数据具有可比性。考虑到银行业数据收集的限制，样本比较少，因此将各家银行的数据制成混合数据。数据来源主要是色诺芬数据库和巨潮咨询网。

第三节　实证分析

一、变量的选取

本章研究选取以下变量为解释变量：

董事会规模，用 BOARD_SIZE 表示；独立董事比例，用 OUTSIDERS 表示；领导权结构，用 LEADER 表示；第一大股东持股比例，用 TOP1 表示；总负债比例，用 LEV_TOTAL 表示；产品市场竞争强度，用 PRODUCT 表示；公司总资产，用 Asset 表示，实证中取对数，即 Ln（Asset）。

以上各变量的详细说明如表 7-1 所示：

表 7-1 变量说明

变量名称	变量代码	变量含义及说明
董事会规模	BOARD_SIZE	董事会总人数
独立董事比例	OUTSIDERS	独立董事人数/董事会人数
领导结构（两职设置）	LEADER	虚拟变量：当（副）董事长与行长两职合一时，该变量取值 1；两职分离时取值 0
第一大股东持股比例	TOP1	第一大股东持股数量/总股本
总负债比例	LEV_TOTAL	负债总额账面价值/总资产账面价值
产品市场竞争强度	PRODUCT	用主营业务利润率表示：主营业务利润/主营业务收入净额 × 100%
银行总资产	Ln(Asset)	银行总资产的自然对数

二、相关性分析

在建立模型之前，我们使用 Spearman 检验与 Pearson 检验对变量进行相关性分析，如表 7-2 所示，括号内为 P 值。

表 7-2 变量的相关性分析

	(1)	(2)	(3)	(4)	(5)	(6)	(7)
BOARD_SIZE		-0.34* (0.07)	-0.25** (0.04)	0.15 (0.12)	0.32 (0.14)	-0.28* (0.07)	0.27* (0.09)
OUTSIDERS	-0.26* (0.08)		-0.31 (0.15)	-0.32* (0.08)	0.22 (0.21)	0.32** (0.03)	0.19 (0.21)
LEADER	-0.13* (0.06)	-0.24* (0.08)		0.25 (0.12)	0.15 (0.13)	-0.26* (0.08)	0.21 (0.11)
TOP1	0.22 (0.14)	-0.28 (0.12)	0.27* (0.09)		0.12 (0.15)	-0.27** (0.03)	-0.15 (0.13)
LEV_TOTAL	-0.16** (0.04)	0.24 (0.15)	0.24 (0.13)	0.20 (0.14)		0.09 (0.14)	0.31* (0.06)
PRODUCT	0.24 (0.12)	0.25* (0.09)	-0.24 (0.12)	-0.23* (0.06)	0.12* (0.09)		0.18 (0.13)
Ln(Asset)	0.23 (0.11)	0.21 (0.13)	0.18* (0.08)	-0.22 (0.16)	0.25 (0.13)	0.14 (0.11)	

注：上半部分为 Spearman 检验结果，下半部分为 Pearson 检验结果；***、**、* 表示检验分别在 1%、5%、10%的水平上显著。

由表 7-2 可见，无论是 Pearson 还是 Spearman 相关性检验，各变量的相关系都不高，最高相关系数绝对值不超过 0.35，这意味着各解释变量的重叠性较低，不存在多重共线性问题。故我们设定以下计量模型：

$$EAP/EAN = \alpha_0 + \alpha_1 BOARD\_SIZE + \alpha_2 OUTSIDERS + \alpha_3 LEADER + \alpha_4 TOP1 + \alpha_5 LEV\_TOTAL + \alpha_6 PRODUCT + \alpha_7 Ln(Asset) + \varepsilon \tag{7-3}$$

三、统计性描述

研究选取了 11 家在沪深 A 股市场上市的全国股份制商业银行。在收集的 40 个数据中，有 17 个是（副）董事长兼任行长，占总数的 42.5%，表明在银行业，这种兼任现象还是普遍存在的。其他变量的统计性描述，如表 7-3 所示。

表 7-3　变量的统计性描述

名称	最大值	最小值	中值	均值	标准差
BOARD_SIZE	18.00	13.75	17.50	16.55	1.66
OUTSIDERS	0.40	0.30	0.35	0.34	0.03
TOP1	51.33	5.92	19.25	20.64	10.08
LEV_TOTAL	91.58	81.28	86.88	87.11	6.65
PRODUCT	20.36	11.43	18.38	16.73	3.19
Ln(Asset)	28.62	26.73	27.62	27.68	0.52

表 7-3 显示，董事会规模与独立董事占董事会的比例相差不大，各上市银行的总负债比例相差也不大。各行第一大股东持股比例相差较大，最高为 51.33%，最低只有 5.92%，但总体普遍较低，这可能与严格的监管制度有关；各行资产相差较大，国有银行资产总额很大，相对而言，其他非国有上市银行资产较小，在实证分析时，我们做了处理，取对数。

四、实证检验

模型的回归结果如表 7-4 所示，括号内为 P 值。

由表 7-4 可知，对我国上市银行的回归结果显示：第一，董事会特征变量中仅有 LEADER（领导结构）的系数显著，变量 BOARD_SIZE（董事会规模）和 OUTSIDERS（独立董事比例）都不显著且系数符号

表 7-4 模型回归结果

	符号预期		实际回归	
	EAP	EAN	EAP	EAN
Intercept	?	?	0.35 (0.15)	0.48 (0.18)
BOARD_SIZE	+	–	0.33 (0.12)	–0.21 (0.14)
OUTSIDERS	–	+	0.68 (0.15)	0.64 (0.15)
LEADER	–	+	–0.53** (0.03)	0.45** (0.02)
TOP1	+	–	0.47** (0.03)	–0.38* (0.07)
LEV_TOTAL	+	–	0.18 (0.15)	0.21 (0.17)
PRODUCT	–	+	–0.32*** (0.00)	0.27*** (0.01)
Ln(Asset)	?	?	0.77 (0.19)	0.94 (0.15)
Adj_R2	—	—	0.15	0.17

也比较混乱。外部董事没有发挥其监督职能，样本统计表明，独立董事的比例平均值与政策规定的 1/3 非常接近，设立审计委员会的公司也较少，这在很大程度上说明中国上市公司独立董事的设置还并不是出于功能的需要，而是碍于政策的规定。第二，股权结构变量 TOP1（第一股东持股比例）与信息披露质量显著负相关，第一大股东操纵会计信息的可能性较大。第三，变量 LEV_TOTAL（总负债比例）的系数不显著且系数符号与预期也不一致。这个结果反映了中国公司中存在的特殊现象，即债权人基本不参与银行公司治理，对银行管理层长期激励严重不足。第四，产品市场的激烈竞争显著降低了银行会计信息披露的质量。

另外，回归结果与前面的大部分假设相悖，这也回答了一个问题：学者们关于一般公司治理的研究结论不适用于金融行业。金融行业，特别是银行业在解决治理问题上，有许多区别于一般企业的特征（Caprio、Laeven 和 Levine，2003）。潘敏（2006）从理论上分析了银行业资产结构的特殊性、资产交易的非透明性和严格管制三个典型特征对商业银行公司治理的影响。

第四节　本章小结

本章通过收集沪深 A 股市场上市的全国股份制商业银行的数据，在理论分析的基础上，实证分析了我国上市银行信息披露与公司治理之间的关系。得出以下结论：

（1）一般公司治理的研究结论不适用于金融行业，特别是银行业。

（2）中国的银行内部控制机制对会计信息披露质量的影响较小。仅发现两职分离的领导权结构以及分散的股权结构能够提高会计信息披露质量；没有发现董事会、债权人以及经理人激励合约等治理机制对会计信息披露质量的影响。

（3）银行外部控制机制对会计信息披露质量的影响显著。产品市场的激烈竞争会降低会计信息披露的质量。

（4）对于内部治理结构不完善的中国上市银行，产品市场的激烈竞争会进一步降低内部控制机制对会计信息披露的质量。

通过本章的研究，得出以下启示：

（1）我国银行应该改变“一股独大”的局面，适当降低股权集中度，防止大股东控制会计信息侵害中小股东利益；同时应使流通股适度集中，大力发展机构投资者，防止股权过于分散而造成“内部人控制”现象。

（2）监事会应真正由股东大会选出，对股东大会负责，保证其独立性，明确其职能、职责。

（3）监事会成员须具备必要的会计和法律专业知识，应定期参加各类相关的培训。

第八章 董事会独立性与公司治理绩效

第一节 引言

2006 年 12 月 11 日，随着包括汇丰、花旗、渣打等在内的 8 家外资银行向银监会提交转制申请，标志着我国银行业的全面开放，也拉开了中外银行激烈竞争的序幕。这场竞争，实质上是现代银行制度的竞争，而现代银行制度的核心是现代银行公司治理机制。1999 年 9 月，巴塞尔委员会发布的《加强银行机构的公司治理》已被越来越多的人意识到，治理结构的优化是提高我国商业银行竞争力的必由之路。

公司治理是近几年来我国理论界关注的热点问题，特别是对上市公司治理问题的研究，倾注了大多数学者的心血。但是关于我国上市银行治理问题显得关注度不够，特别是在实证上还很少有学者进行过此方面的探讨。银行业与一般企业有着显著的不同特征，比如高负债性、资产交易的不透明性以及严格管制等，这使得对一般上市公司的治理研究结论不能简单地套用在银行业上。更值得注意的是，绝大多数对上市公司治理问题的研究是在剔除了金融企业样本之后的研究。因此，在银行业全面开放的今天，针对上市商业银行的治理研究就显得非常必要。

代理理论认为，在公司管理层与股东之间存在代理成本，这会影响公司绩效。解决这个问题的一种方法是加强公司董事会的作用，通过董事会功能来降低代理成本。Fama（1980）认为，董事会在监督管理层方面能发挥重要作用。Fama 和 Jensen（1983）进一步指出，在董事会中引进一部分独立董事，能够加强董事会的监督职能。他们认为，独立董事一旦被授权选拔、监督、奖惩公司的管理层，就能够以此来减少管理层与股东之间的利益冲突，使得两者利益趋向一致。在声誉机制的约束下，与公司没有关联的独立董事因其更高的客观性而更能有效地行使董事会的监督职能，从而降低公司所面临的代理成本。除了在监督管理层方面起到很好的作用外，独立董事由于有专业背景和广大资源关系网，还能够帮助董事会提高决策的质量，有效地促进公司业绩提升（Daily 和 Dalton，1993）。Agrawal 和 Knoeber（1996）也有类似的结论。

在关于董事会独立性与公司绩效间关系的经验性验证方面，西方早期的研究认为，董事会独立性的提高有助于公司业绩的提升，但后期的研究结论出现了明显的分歧。一部分认为，董事会独立性与企业绩效没有相关关系，如 Bhagat 和 Black（1997）、Mak 和 Li（2001）。其中 Bhagat 和 Black（1997）采用截面数据证实独立董事比例与公司绩效没有显著的相关关系，而内部董事比例与公司未来业绩存在一定的正相关。Mak 和 Li（2001）也发现，新加坡上市公司的董事会独立性与绩效无关。而另一部分学者则支持董事会独立性对公司绩效有正的相关性。Rosenstein 和 Wyatt（1990）采用事件研究方法，指出当对外宣布任命独立董事时，公司市场价值得到了提升。另外，值得一提的是 Agrawal 和 Knoeber（1996）的研究。他们在研究中发现，运用不同的计量模型检验独立董事比例与公司绩效关系时，得到的结果有不同。当采用单方程回归独立董事比例和公司业绩时，结果显示两者存在负相关，而当运用联立方程模型时，这种相关性就消失了。

我国学者在这方面也做了有益的探索。如胡勤勤和沈艺峰（2002）

对深沪两地 41 家企业建立了回归模型，研究分析表明，国内上市公司的经营业绩与独立董事间存在不显著的相关关系。他们认为上市公司的经营业绩在很大程度上不受独立董事的影响。高明华、马守莉（2002）的研究也不支持独立董事比例与公司绩效存在显著正相关。而王跃堂等（2006）研究发现，独立董事比例与公司绩效呈显著正相关，并且在控制了因素内生性影响下，这种相关性仍然成立。

然而，Hermalin 和 Weisbach（2003）指出，董事会特征与公司经营绩效方面的大多数是以竞争性的行业为研究对象，很少对某一特定行业或组织的董事会特征及其有效性进行研究。银行业有其自身的特性，它在股权结构、债权结构、资产交易等方面都不同于其他行业。这主要是因为银行业受到政府的管制，使得股权结构相对比较分散；银行业的债权人主要为中小储户，债权治理相对乏力；银行业的资产交换具有不透明性，造成了严重的信息不对称性。Caprio、Laeven 和 Levine（2003）的研究也表明，银行业在公司治理模式上不同于其他行业。上述关于董事会独立性与公司经营绩效关系的文献中，大多都是以所有行业为研究对象，或是将金融企业排除在外。这使我们不得不怀疑上述文献的研究结论在银行业中是否适合，这也正是本章要研究的目的之一。

综上所述，由于银行业自身的特殊性质，国内很少有关于银行业董事会独立性与公司经营绩效关系的研究。因此本章拟从实际数据入手，实证检验董事会独立性与银行绩效间的关系。我们首先找出影响董事会独立性的因素，然后运用最小二乘法，分析独立性与业绩间的关系。最后，在控制因素内生性影响后，采用三阶段最小二乘法（3SLS），进一步认清两者间的关系。

第二节 研究设计

一、研究样本

研究选择目前在沪深 A 股市场上市的全国股份制商业银行，由于资产较大，再加上特殊的背景，本研究剔除了国有银行和交通银行。最后以 7 家银行作为研究样本。其中，中信银行和兴业银行 2007 年后才上市，样本时间选取 2007~2009 年，招商银行、民生银行、华夏银行、浦发银行以及深圳发展银行上市时间较早，选择的时间段为 2006~2009 年。之所以选择这个时间段，是因为 2006 年后我国金融市场完全对外开放，数据具有可比性。考虑到银行业数据收集的限制，样本比较少，因此将各家银行的数据制成混合数据。数据来源主要是色诺芬数据库和巨潮资讯网，并以各家银行的年报作为补充。

二、研究方法

（一）董事会独立性影响因素检验

BI = f(Ownership，CEO，Corporation)

董事会独立性（Board Independence）用变量 BI 表示，本章中对 BI 用两个与独立董事有关的变量来描述。一个是独立董事占董事会成员的比例（BIP）；另外一个是独立董事与总经理或者行长任期的比值（BIT）。独立董事占董事会成员比例的不同，直接影响着该公司董事会独立性，一般认为比例越大董事会越独立。引进独立董事的很大原因是为了更好地发挥董事会的监督作用，这就要求独立董事对公司管理层经营情况透彻掌握，但是独立董事往往受制于任职期限，导致信息获取相对落后。因此将 BIT 作为衡量董事会独立性的一个变量。

银行的股权结构（Ownership）是影响董事会独立的另外一个因

素。本章中对股权结构用三个变量来描述。第一个变量是第一大股东持股比例（LSH），由于大股东的权利能够渗透到独立董事的任免中，可以预期大股东的持股比例越大，董事会的独立性就越差。如果对大股东一定的制衡，也许会减少大股东对独立董事履行监督职能的干预。于是定义的第二个变量为银行股权结构的制衡能力（BAL），BAL 的取值由第一大股东与第二大股东持股比例的比值决定。第三个变量为虚拟变量（TYPE），用以表示上市银行的实际控制人，我们采用第一大股东的最终控股股东类别作为上市银行实际控制人的替代指标，如果为民营或者外资时取值 1，如果为国有控股时取值 0。

另外，我们选取虚拟变量（D-LS）对银行高管（CEO）的情况进行描述，如果行长或总经理同时也担任董事长时取值 1，两职分离时取值 0。一般认为，两职分离指标是描述董事会独立性的重要变量，当两职合一时，独立董事要发挥作用就比较有限，由此董事会的独立性就比较弱。

在选取银行本身的特性（Corporation）的描述时，使用了 Size 和 Performance，前者代表银行的规模，用银行总资产 Asset 表示，在实证研究中用 Log（Asset）代替。后者代表银行绩效，选取指标是总资产回报率（ROA）。

在实证检验时，我们设立以下几个模型来比较检验影响商业银行董事会独立性的因素。

$$BIP = F(SIZE，ROA，D\text{-}LS) \tag{8-1}$$

$$BIP = F(SIZE，ROA，LSH，BAL，TYPE) \tag{8-2}$$

$$BIP = F(SIZE，ROA，D\text{-}LS，LSH，BAL，TYPE) \tag{8-3}$$

$$BIT = F(SIZE，ROA，D\text{-}LS，LSH，BAL，TYPE) \tag{8-4}$$

（二）董事会独立性与银行经营绩效关系检验

1. 单方程模型检验

$$Performance = F(Corporation，CEO，Ownership，BI)$$

模型中关于银行的经营绩效（Performance）用两个变量来描述，一个是上文中选取的总资产回报（ROA）；另外一个是每股收益

(EPS)。对银行本身的特性(Corporation)的描述,除了上文中的 Size 外,我们还选取了 CS 和 Net,前者代表银行资本结构;后者代表银行所拥有的网点数量。控制这些指标,是为了更好地突出治理结构对银行绩效的影响。描述 CEO、Ownership、BI 的变量同上文一样。

我们建立如下的单方程模型来检验董事会独立性与银行绩效的关系:

ROA = F(SIZE, CS, NET) (8-5)

ROA = F(SIZE, BIP, D-LS, LSH, TYPE, BAL) (8-6)

ROA = F(SIZE, BIP, CS, NET, D-LS, LSH, TYPE, BAL) (8-7)

ROA = F(SIZE, BIT, CS, NET, D-LS, LSH, TYPE, BAL) (8-8)

EPS = F(SIZE, BIP, CS, NET, D-LS, LSH, TYPE, BAL) (8-9)

2. 联立方程模型的检验

上面的单方程模型检验,我们是将董事会的独立性作为外生变量来考虑,如果我们将董事会独立性作为内生变量,则需要用到联立方程,建立如下模型:

ROA = F(SIZE, CS, NET, D-LS, LSH, TYPE, BAL, BIP)

BIP = F(SIZE, CS, D-LS, LSH, TYPE, BAL, ROA, BS)

(8-10)

模型(8-10)中的 BS 为新增变量,它表示董事会规模。因为在用联立方程模型检验的时候,需要在各个结构方程中加入工具变量。对于模型(8-10),第一个结构方程的工具变量选用 NET,第二个结构方程的工具变量选用 BS。

我们对模型(8-10)采用三阶段最小二乘法(3SLS)进行回归分析,这样做的优势在于,二阶段最小二乘法(2SLS)只能对模型的一个结构方程进行参数估计,所利用的只是模型参数的部分信息。事实上,总体结构对每个结构参数都有不同程度的影响。而三阶段最小二乘法（3SLS）的优点之一是能充分利用模型结构的全部信息，并且三阶段最小二乘法（3SLS）还系统地考虑了各个方程随机误差项的相关性，而二阶段最小二乘法（2SLS）则假定了各个方程的随机误差项是序列不相关的。因此，相比二阶段最小二乘法（2SLS）和普通最小二乘法（OLS），三阶段最小二乘法（3SLS）的估计结果更为有效。

本章的研究结论以及建议都是基于以上 10 个模型得出的，在模型的使用中，我们选择了一系列的变量进行回归分析，各个变量的详细定义如表 8-1 所示：

表 8-1　变量详细定义

变量名称	意义及计算公式
BIP	表示董事会中独立董事所占比例
BIT	表示独立董事任职年限与总经理或行长任职年限的比值
LSH	表示银行第一大股东持股比例
BAL	表示公司第一大股东与第二大股东持股比例的比值
TYPE	虚拟变量，银行实际控制人为民营或外资时取值 1，国有控制取值 0
D-LS	虚拟变量，银行两职合一取值 1，两职分离取值 0
SIZE	表示银行规模，以银行总资产的对数值代替
ROA	表示总资产收益率，ROA=净利润/总资产
EPS	表示每股收益率，EPS=净利润/期末总股本
CS	表示银行资本结构，CS=负债/所有者权益
NET	表示银行拥有的网点数量
BS	表示董事会规模，用董事会人数来计量

第三节　实证分析

一、数据描述

本章以中国上市银行为研究对象，选取了深圳发展银行、上海浦东发展银行、华夏银行、民生银行、中信银行、兴业银行以及招商银行 7 家上市的商业银行。以 7 家上市银行 2006~2009 年的数据为样本，最终得到 26 个样本值，变量的统计结果如表 8-2 所示：

表 8-2 变量的描述性统计

变量	均值	标准差	中位数	最大值	最小值
BIP	0.295	0.077	0.314	0.534	0.102
BIT	0.977	0.389	0.665	3.500	0.250
LSH	0.143	0.089	0.154	0.359	0.060
BAL	2.302	1.618	1.361	5.607	1.173
TYPE	0.333	0.019	0	1.000	0
D-LS	0.182	0.021	0	1.000	0
SIZE	26.137	1.378	25.438	27.336	23.209
ROA	0.008	0.007	0.004	0.036	0.001
EPS	0.304	0.154	0.305	0.725	0.048
CS	24.916	14.869	33.599	44.548	1.345
NET	256.334	114.003	268.000	487.000	41.000
BS	16.763	2.237	18.000	20.000	13.000

由表 8-2 可知，代表的董事会独立性的 BIP 与 BIT 的值可以看出董事会独立性相对比较稳定。从股权结构方面来看，第一大股东持股比例普遍偏低，这可能与银行业自身受到政府管制的特性有关，股权制衡上，第一大股东与第二大股东的比值最大值达到 5.6，部分银行缺乏有效的制衡。另外，样本中大多数银行属于国有控股，只有深发展引进了境外战略投资者，而民生银行属于刘永好家族控制。两职合一的现象在样本中也不明显。银行本身特性的数据表明，各行资产规模总体接近，而资本结构和网点数量相差比较大。银行绩效方面，ROA 与 EPS 表现出总体稳定，各行差距不是很明显。

二、相关性分析

在进行回归分析前，我们使用 Spearman 检验与 Pearson 检验对部分变量进行相关性分析，如表 8-3 所示，括号内是 P 值。

表 8-3　变量的相关性分析

	ROA	EPS	BIP	BIT	BAL	LSH	SIZE	CS	NET
ROA	1	0.432 (0.802)	0.506** (0.034)	-0.334 (0.307)	0.265 (0.269)	0.521** (0.047)	-0.298 (0.403)	-0.856*** (0.001)	-0.138 (0.782)
EPS	0.173 (0.235)	1	-0.654 (0.298)	-0.568** (0.024)	-0.476** (0.039)	-0.801*** (0.001)	0.901*** (0.003)	0.303 (0.429)	0.809*** (0.001)
BIP	0.400* (0.076)	-0.302 (0.336)	1	-0.264 (0.305)	0.374 (0.302)	0.299 (0.104)	-0.098 (0.672)	-0.684*** (0.002)	-0.476* (0.099)
BIT	-0.173 (0.702)	-0.404* (0.091)	-0.255 (0.254)	1	0.438* (0.076)	0.168 (0.604)	-0.309 (0.334)	0.261 (0.253)	-0.376 (0.206)
BAL	0.426 (0.104)	-0.708*** (0.000)	0.198 (0.403)	0.603*** (0.005)	1	0.891** (0.013)	-0.658 (0.104)	-0.534** (0.029)	-0.086 (0.962)
LSH	0.314*** (0.001)	-0.781*** (0.001)	0.415** (0.030)	0.106 (0.901)	0.832*** (0.001)	1	-0.634** (0.024)	-0.762*** (0.000)	-0.302 (0.336)
SIZE	0.036 (0.672)	0.962*** (0.001)	0.004 (0.658)	-0.942*** (0.001)	-0.036 0.993	-0.068 (0.612)	1	-0.316 (0.207)	0.963*** (0.000)
CS	-0.802*** (0.000)	0.687** (0.036)	-0.538** (0.013)	0.377 (0.268)	-0.381* (0.093)	-0.852*** (0.009)	0.586* (0.097)	1	0.134 (0.962)
NET	-0.379** (0.046)	0.805*** (0.000)	-0.459* (0.069)	-0.342 (0.673)	-0.624* (0.074)	-0.468** (0.049)	0.909*** (0.000)	0.453*** (0.003)	1

注：* 是显著性在 0.10 水平之内，** 是显著性在 0.05 水平之内，*** 是显著性在 0.01 水平之内；表格中的上半部分是 Spearman 检验，下半部分是 Pearson 检验。

由表 8-3 可见，总的来说，第一大股东持股比例和资本结构与银行会计价值显著相关，股权结构和网点数与银行市场价值显著相关。另外，值得注意的是独立董事占比与独立董事任职年限对银行的影响不一致，独立董事的比例与银行绩效存在显著正相关，而独立董事任职年限与银行的市场价值显著负相关。

三、回归分析

（一）银行董事会独立性的影响因素分析

表 8-4 显示了影响银行董事会独立性因素的回归分析结果，括号内是 P 值。

我们在控制了银行规模和绩效之后，用一组模型相互对照分析银行董事会独立性的影响因素。

首先来看 CEO 的两职分离情况对董事会独立性的影响。回归结果

表 8-4 影响银行董事会独立性因素单方程回归分析

自变量	因变量			
	BIP			BIT
	模型（8-1）	模型（8-2）	模型（8-3）	模型（8-4）
LSH		0.711 (0.171)	0.769 (0.193)	-2.392 (0.645)
BAL		-0.029 (0.247)	-0.031 (0.269)	0.465 (0.040)
TYPE		0.045 (0.438)	0.049 (0.431)	0.444 (0.242)
D-LS	-0.02 (0.668)		0.014 (0.808)	0.064 (0.849)
SIZE	-0.018 (0.411)	-0.008 (0.754)	-0.008 (0.785)	-0.411 (0.041)
ROA	3.171 (0.456)	1.014 (0.823)	0.881 (0.852)	-5.102 (0.867)
R-squared（adjusted）	0.231	0.314	0.317	0.663

显示这种影响并不显著，这与其他企业的治理情况有所区别。一般认为，如果总经理和董事长合一，那么为了避免更多的监督，董事长有动机去减少独立董事的人数，从而削弱董事会的监督职能。但是如果考虑到银行的股权比较分散，一般是机构控股，而董事会成员几乎来自出资机构，独立董事的提名权并不掌握在董事长手中，因此，银行业两职分离情况在很大程度上不会影响董事会独立性也就理所当然。

股权结构方面，从第一大股东持股比例情况看，比例越大，独立董事比例也就越大。独立董事的设立有两个主要的作用：一是加强董事会监督职能；二是提高董事会决策能力。其监督职能一方面是监督管理层，另一方面是监督大股东，用来保护中小股东利益。由于银行业股权分散现象比较普遍，真正意义上的大股东并不多，从回归结果看，银行第一大股东可能更加注重的是独立董事专业背景，这有助于其提高决策能力。另外，值得注意的是，第一大股东持股比例与独立董事任职年限成反比。这说明，第一大股东除了看重独立董事的专业背景之外，还有意识地弱化独立董事的监督职能。由于独立董事的特殊性，相比董事会成员和经理层，独立董事在公司信息方面处于明显劣势，任期越短，这方面的差距越大，监督就越不利。

从股权结构的制衡能力看，Z 值与独立董事比例成反比，制衡能力对独立董事任职年限有显著的促进作用。Z 值越小，制衡能力越好。从结果可以看到，除第一大股东外，其他股东多试图增加更多的独立董事来加强对第一大股东的监督，防止出现大股东侵吞其他股东利益的事件发生，并且也乐于促使独立董事的任职年限增加，以掌握更多的信息，执行更好的监督。

而在银行实际控制人方面，分析结果显示，外资和民营控股对董事会的独立性有更好的促进作用。这一方面印证了国内银行引进外国战略投资者有利于促进公司内部治理的改进；另一方面也提示了对于国内的民营资本，国内银行也应采取开放政策，这对建设现代银行制度一样有帮助。

（二）单方程模型回归分析

表 8-5 用一组单方程模型考察了董事会独立性与银行绩效间的关系，括号内是 P 值。

表 8-5 董事会独立性与银行绩效间单方程回归分析

自变量	因变量				
	ROA				EPS
	模型（8-5）	模型（8-6）	模型（8-7）	模型（8-8）	模型（8-9）
BIP		0.016 (0.906)	0.026 (0.578)		0.365 (0.661)
BIT				0.013 (0.903)	
LSH		−0.104 (0.309)	−0.016 (0.236)	−0.176 (0.890)	−0.198 (0.009)
BAL		−0.011 (0.306)	−0.023 (0.312)	−0.003 (0.899)	0.021 (0.465)
TYPE		0.003 (0.207)	0.003 (0.096)	0.012 (0.148)	0.134 (0.401)
D-LS		0.001 (0.769)	0.003 (0.932)	0.001 (0.564)	0.064 (0.345)
SIZE	0.002 (0.203)	−0.011 (0.079)	−0.036 (0.034)	−0.015 (0.084)	0.109 (0.009)

续表

自变量	因变量				
	ROA				EPS
	模型（8-5）	模型（8-6）	模型（8-7）	模型（8-8）	模型（8-9）
CS	-0.002 (0.103)		-0.006 (0.874)	-0.014 (0.324)	-0.098 (0.007)
NET	0.032 (0.768)		0.008 (0.004)	0.033 (0.773)	0.021 (0.001)
R-squared（adjusted）	0.594	0.747	0.638	0.588	0.706

由表 8-5 可见，治理结构对银行的绩效有一定影响，但是效果不明显。董事会独立性方面，模型（8-1）~模型（8-9）都显示，尽管董事会独立性对绩效有正的促进作用，但是不显著。而从模型（8-6）看，股权结构、两职分离等对银行的业绩提升作用也有限。相比而言，银行规模、资本结构和银行拥有的网点数量对企业绩效有更大的影响。

首先，董事会独立性对绩效有促进作用，但都不显著。虽然独立董事的比例越高，董事会决策的独立性、专业性和客观性越强，对经理层的监督能力也越强，但如果独立董事在职时期不长而对银行没有足够的了解，或是独立董事不认真履行董事的职责，造成了独立董事设置的形式化，那么独立董事的设置就不能有效地促进银行的绩效。由于中国设置独立董事时间不长，相应的法律法规以及适当的激励机制还有待完善，这可能是造成董事会的独立性不能有效地促进银行绩效的原因。

其次，股权结构对银行的绩效有一定的影响。从表 8-5 中可知，第一大股东持股比例越大，对公司的绩效越不利。如果第二大股东的股权能对第一大股东有一定的制衡，可以部分消除这种不利影响。虽然我国银行股权相对比较分散，但是仍然存在“隧道效应”。第一大股东可以利用自己的股权优势，侵占其他股东的权益，如果存在其他大股东的制衡，这种侵占将有效减少。同时从表 8-5 中可知，银行实际控制人为民营或外资时能提高银行绩效，且这种提高比股权制衡更明显。所以对于国有控股银行而言，应该进一步开放民间资本以及境外资本的进入制度，这不但有利于股权制衡，更能有效提高银行绩效。

最后，银行规模、资本结构以及网点数都与银行绩效显著相关。从模型（8-9）的回归结构知道，银行的规模越大，市场价值越高，这可能是因为投资者认为银行规模越大，资产充足率就越高，银行的安全性就越强，投资此类银行能带来更大的升值空间。银行的资本结构与绩效显著负相关，我们应适当控制银行的负债率。银行的网点数与绩效显著正相关，这也许是因为网点数越多，市场份额就越大，经营绩效就越高。

（三）联立方程模型回归分析

将董事会独立性作为内生变量联立方程进行回归分析，3SLS 对模型（8-10）的回归结果见表 8-6，括号内为 P 值。

表 8-6　董事会独立性与银行绩效间联立方程回归分析（3SLS）

	内生变量	
外生变量	ROA	BIP
BIP	0.163 (0.377)	
LSH	-0.033 (0.261)	1.765 (0.103)
BAL	-0.002 (0.198)	-0.079 (0.088)
TYPE	0.226 (0.029)	0.208 (0.091)
D-LS	-0.023 (0.112)	0.101 (0.299)
SIZE	-0.021 (0.032)	-0.107 (0.101)
ROA		6.752 (0.501)
CS	-0.003 (0.997)	0.004 (0.431)
NET	0.002 (0.087)	
BS		0.064 (0.107)

由表 8-6 可见，由于董事会独立性与银行规模、银行资本结构、银行两职合一、银行第一大股东持股比例、净资产收益率和董事会规

模等有关，所以我们把董事会独立性作为内生变量来考虑。此时，董事会独立性与银行绩效的正相关性仍然不显著，但与表 8-5 对比，这种相关性有了较大提高。不仅如此，对比表 8-4 可知，银行股权结构更能影响董事会的独立性，这表明我们有必要减少第一大股东持股比例，适当地增加第二大股东持股比例，形成有效的股权制衡，提高银行绩效。另外，对比表 8-5 可知，银行实际控制人变得显著地影响董事会的独立性与银行绩效，民营或外资比国有控股更有利于银行绩效，可让民间资本或境外战略投资者参与到国有控股银行以提高国有控股银行绩效。最后，两职分离在银行治理中更有利于提高银行绩效。

第四节 本章小结

国内上市银行在股权结构、债权结构、资产结构和监管等方面与一般企业存在显著不同。本章在结合银行业自身特点的基础上，实证分析了我国上市银行董事会独立性与经营绩效的关系。

研究发现董事会独立性对银行绩效虽有一定促进作用，但影响不明显。银行绩效的提升除了改善治理结构外，增加网点数量，扩大市场份额也有重要作用。另外，股权结构的制衡能力和银行实际控制人性质能使银行董事会更加独立。

本章的局限性在于只收集了国内 7 家上市银行的数据，而建设银行、中国银行、工商银行等这些在国内银行业占有重要位置的银行，由于特殊的背景，并没有包括在样本内。作为国内银行业全面开放的今天，进一步加强对银行业治理问题的研究具有现实意义。本章在这方面做了尝试和探讨，希望引起理论界和银行监管部门的更多关注。

第九章　董事会与银行绩效

第一节　引言

中国国有商业银行的陆续上市标志着银行业市场化改革即将迎来高潮，并且随着2006年底国内银行正式向世界开放，国内银行该如何应对这种市场化的竞争呢？巴塞尔委员会1999年9月发布了《加强银行机构的公司治理》，使得越来越多的人意识到，建设现代银行制度是银行业竞争的根本。而现代银行制度的核心就是现代银行公司治理机制，因此治理结构的优化将是今后提高我国商业银行竞争力的必由之路。

公司治理作为一个热点问题，近几年来受到了越来越多的关注。但是，大部分的研究并没有将行业因素考虑在内。特别是银行业有与一般企业显著不同的特征，比如高负债、股权分散、严格监管等。这些特征对治理结构是有相当影响的，忽略这些因素的差别使得一般公司的治理结论是否对银行业的适用，值得商榷。

在建设银行等国有大银行上市之前，已经有一些股份制商业银行上市多年，积累了一些经验值得借鉴。我们的研究是在充分考虑银行业特征的基础上，结合已经上市的商业银行的数据，以考察治理结构对银行绩效的影响。研究着重于分析银行董事会治理与银行绩效间的关系。通过建立一组单方程回归模型，对比考察了董事会治理各个因素对银行绩效的影响。研究发现，独立董事比例对银行绩效有促进作用，但不明显。独立董事任职年限对银行绩效有负的作用。董事会规模和开会次数与绩效呈显著负相关关系。两职分离情况对绩效的影响不明显。

第二节 文献综述

董事会作为公司治理的内部核心机制之一，其效率是否能有效发挥一直是各国学者和公司治理机构和组织关注的热点问题。国内外学者针对董事会治理的研究大致分为两类：

一类是对董事会治理机制和作用过程的理论模型的探讨，研究的前提是在信息不对称经济中董事会与经理人进行动态的战略博弈。Noe 和 Rebello（1996）研究了董事所关心的声誉可以成为董事会监管经理人的动机。Hermalin 和 Weisbach（1998）建立了一个董事会任免 CEO 的模型，董事会的独立性取决于董事与 CEO 之间的博弈，当 CEO 拥有更强的讨价还价的能力时董事会的独立性会降低。Dunn（1987）、Fama（1980）、Fama 和 Jensen（1983）等从理论上论证了独立董事增加有助于缓解代理问题。总的来看，对董事会的理论研究还比较缺乏，但有助于揭示董事的行为动机，以及股东、董事会和经营者三者之间的复杂的代理关系（Arthur，2001）。

另一类是通过实证研究考察董事会的治理绩效，找出影响董事会有效性的因素。目前大量的研究成果都来自实证研究，主要集中在以下几个方面（Robert 和 Monks，2001）：

第一，董事会是否有效地行使了监督经理人的职能，是否有效地增加了股东财富。对董事会治理有效性的观点分为两派：一派是以 Fama 和 Jensen（1983）为代表的，认为董事会是公司治理机制中的重要部分，外部董事通过制定经营者的薪酬和选拔、解雇经理人有效地解决了代理问题。但这一结论的前提是存在外部的“董事候选人市场”，因此外部董事为了建立自身的声誉是不会与经理人相互“勾结”的。另一派是以 Hillman 等（2000）为代表的，认为董事会并没有发挥实质上的监管作用，而只是为公司的高层管理人员提供决策建议，或是处理危机情况。他们还提出，董事应经常支持 CEO，避免董事会的矛盾。

第二，董事会结构和董事会规模等因素与公司绩效间具有怎样的相关性。独立性是评价董事会的重要指标，董事会的内外部董事的构成比例直接决定了董事会的独立性。Fosberg（1989）利用配对研究的方法研究了外部董事的比例与公司业绩的关系，假设外部董事监管力度的不同会导致公司的现金流不同，而且董事会进行了有效监管的公司应实现减员增效，销售费用和管理费用下降，股权收益上升。他的研究得出了外部董事的比例与公司业绩呈反向关系的结论，原因可能在于内部人控制了董事会的选举，弱化了董事会的治理职能。Hermalin 和 Weisbach（1991）用分段回归的方法研究外部董事比例与公司业绩的关系，没有发现显著的相关性。Bhagat 和 Black（1999）的研究表明，外部董事比例与公司业绩显著相关。John 和 Lemma（1998）的研究表明，独立董事占绝大多数的董事会与其他董事会相比并没有为公司带来更好的业绩，他们的研究还得出结论，董事会中内部董事人数居中的公司可能具有更高的盈利能力。董事会的领导权结构也是董事会独立性的一个重要因素。董事长和总经理两职是否分离引起了很多理论争议。两职合一，一方面赋予了经理人相当程度的随机处置权，有利于企业自由发展；另一方面又会容易使控制权掌握在内部管理层手中，导致“内部人控制”。吴淑琨、席酉民（1999）研究了领导权结构的许多相关因素，如流通股比例与两职合一负相关，企业规模与两职合一正相关等。两职状态同时也对其他的治理机制产生影响，因此它具有显著的内生性。早在 20 世纪 90 年代初，Lipton 和 Lorsch（1992）就提出限制董事会的规模，认为董事的人数最多不应超过 10 人。之后 Jensen（1993）又提出如果董事会人数超过 7~8 人则效率会降低，并容易受 CEO 的操纵。Yermack（1996）经实证研究得出董事会的规模与公司市场价值呈显著负相关。

第三，董事会的构成是由哪些因素决定的，这些结构特征对董事会的监督和决策行为有什么样的影响。公司的业绩、CEO 的任期、股权结构的变化都会引起董事会的变化。Hermalin 和 Weisbach（1991）发现，在公司业绩下降的情况下外部董事的比例会提高，也就是说，业绩较差的公司倾向于增加外部董事的比例。Mark 和 Li（2001）发现，管理层持股越高的公司，其外部董事的比例就较低。Agrawal 和 Knoeber（1996）研究发现，成长型公司选择董事长与总经理两职合一更有利于公司的决策，多元化程度高的公司需要更多的外部董事提供不同领域的决策建议。

上述的文献研究大都将视角涵盖所有行业，而且有相当数量的实证分析的样本数据是将金融行业排除在外的。这就使得出的结论在银行业是否适用而值得商榷。尤其值得注意的是，银行业本身的特殊性，使得在公司治理问题上明显有别于其他行业（Caprio、Laeven 和 Levine，2003）。Prowse（1995），John 和 Qian（2003），John、Mehran 和 Qian（2003）等从银行业自身特点出发研究了银行董事会人员构成、高管激励等治理问题。潘敏（2006）从理论上分析了银行业资产结构的特殊性、资产交易的非透明性和严格管制三个典型特征对商业银行公司治理的影响。

银行业治理的特殊性表现在股权结构、债权结构、资产交易和管制等方面。在股权结构方面，由于政府的管制以及自有资本的限制，银行业股权比较分散，没有显著的“一股独大”的现象出现，股权制衡能力比较强。在债权结构方面，由于银行的债权所有人有相当一部分是中小储户，使得债权保护比较困难，债权治理相对乏力。银行的资产交换不透明，信息不对称程度比一般企业大，导致外部投资者和债权人很难对资产交易质量进行评价，使得外部监督困难。

银行业在董事会治理方面的特殊性表现在以下几个方面：①从董事会构成看，银行业董事会成员大部分是相关机构的派出人员，董事会持股比例显著少于其他上市企业，因此单从此方面考量，很难认为董事会有很好的激励动机来对经理层进行有效的监督，并对广大股东负责。②从董事会规模看，银行业董事会规模普遍比一般企业大得多。尽管董事会成员人数增加，能够对经理层进行更好的监督，但是因此带来的协调组织成本是否会由此抵消其所带来的收益呢？Lipton 和 Lorsch（1992）的研究就认为，由于董事会人员增加所带来的成本要超过其引起的收益。Yermack（1996）实证研究认为，企业托宾 Q 与董事会规模呈负相关。③从董事会独立性看，独立董事的作用有两方面，一是执行监督；二是提供辅助决策。由于银行业独立董事的专业背景主要集中于金融方面，因此在监督和提高决策质量方面，相比一般企业的独立董事来说有较大的优势，这是不容忽视的一个方面。另外，银行业两职分离情况比较普遍。

由于银行业董事会存在这些不同于一般企业的特征，而在这方面国内的学者未对此进行过相应的经验研究。因此，我们针对此进行深入的探讨与分析，以期为国有银行公司治理改革提供经验证据与理论借鉴。

第三节　实证分析

一、样本与变量

国内独立董事的设置是从 2002 年正式开始，因此我们的数据是 2002~2005 年的国内上市的股份制商业银行，一共选取了 6 家上市银行。考虑到银行业数据收集的限制，样本比较少，因此将各家银行的历年数据制成混合数据。数据来源主要是色诺芬数据库，并以各家银行历年的年报作为补充。

我们选择总资产收益率（ROA）和每股收益（EPS）分别从会计和

市场两个方面来衡量银行绩效。选择ROA，而不是国内学者大多采用的净资产收益率（ROE），是因为一些学者的研究表明，中国上市公司为迎合监管部门的规定，对ROE存在着大量的利润操纵行为。在自变量的选择中分为两类：一类是反映董事会特征的解释变量；另一类是控制变量，包括控制公司规模、网点、资本结构和股权结构等。我们控制这些反映银行基本特征的变量，以使董事会治理的检验系数更好地反映银行绩效与董事会之间的关系，否则，检验出的关系可能是除董事会治理之外的其他因素影响的结果。变量的解释和说明如表9-1所示。

表9-1　变量的解释和说明

变量名	含　义	说　明
解释变量		
Inddir	独立董事比例	独立董事人数/董事会人数
Inbt	独立董事任职年限比例	表示独立董事任职年限/总经理或行长任职年限
Leader	领导权结构	董事长与总经理两职完全合一取值1，两职分离取值0
Dirsize	董事会规模	董事会总人数的自然对数
Dirmeet	年度内董事会的会议次数	年度董事会召开的会议次数
控制变量		
Finaleve	财务杠杆	资产负债率
Net	银行网点数	银行网点数量
Fsize	公司规模	上市公司的总资产，模型中取其自然对数形式
Fhs	第一大股东持股比例	第一大股东持股的百分比
Z	股权结构的制衡能力	银行第一大股东与第二大股东持股比例的比值

二、研究假设与研究模型

（一）董事会结构

Short和Keasey（1999）认为，董事会成员是股东利益的代表，并在外部股东与公司内部管理层之间起到桥梁作用。由于独立董事不像内部董事那样直接受制于控股股东和公司经理层，从而可能有利于董事会对公司事务的独立判断。此外，独立董事还可能以其专业知识促进董事会的决策科学化。他们在董事会中所占的比例不同，对董事会的结构及职责的发挥可能产生较大影响。因此，在主要市场经济国家的公司中，独立董事在董事会中的人数比例和职责都得到了高度的重视。

独立董事的作用，首先，监督职能。中国上市公司的治理结构介于“英美模式”与“日德模式”之间，监事会与董事会并存。在实际的公司治理中，监事会监督功能弱化，这不仅因为它是“事后监督”，更重要的是因为公司经理人员控制了大部分监事的任命、薪酬待遇等，而使其失去了独立性。“监事会监督”的弱化使“董事会监督”在公司治理中的作用更加突出。独立董事在董事会中积极发挥作用是“董事会监督”重要的组成部分。其次，独立董事拥有一定的专业背景和社会关系，特别是银行业独立董事的专业背景和社会关系集中于经济金融领域，相比一般企业的独立董事，更有助于其提高董事会的决策效率。因此，我们做出假设：

假设Ⅰ：银行绩效与董事会中独立董事比例正相关。

（二）董事会规模

董事会中董事人数太多，对于董事会作用的较好发挥与公司治理有不良影响。这种不良影响首先表现为董事会规模太大会出现董事会成员间沟通与协调困难；其次表现为董事会成员倾向于不再坦率地批评总经理的错误做法，或者对总经理的工作绩效进行直率的评价，原因在于在很多董事会成员面前批评总经理可能会招致其极大的怨恨和报复；最后表现为董事会成员会产生“搭便车”的动机。这种情况在董事会成员们所持股份较少、公司项目失败或经营亏损对董事们而言实际损失不大的情况下更为明显。尽管董事会规模大也会存在一定的好处，但其规模偏大导致的缺乏创新与效率，以及导致董事会存在机能障碍的负面影响超过了规模较大带来的正面影响。Yermack（1996）的研究表明，在治理绩效较差公司所采取的措施中，新的控制者或收购者一般都采取了缩减董事会规模的措施。因此我们做出假设：

假设Ⅱ：银行绩效与董事会规模负相关。

（三）董事长与总经理是否合二为一

在两职设置对于治理效率具有何种影响的问题上，国外学者仍存在着广泛的争论。反对两职合一者认为，两职分设相对于两职合一可以避免公司发生大的危机，并且董事会能对经理人员进行更客观的评价，另外两职合一经常与无效的公司治理信号相关联，比如敌意接管和毒丸计划的采纳等；与此相反，支持两职合一者认为，两职合一能使总经理具有更大的权利，可以更及时地应对飞速变化的环境，并且与其他内部董事一样，兼任总经理的董事长具有更多的关于企业及相关产业的知识，相对于外部董事而言，对公司具有更大的责任感。前者的理论依据是代理理论，后者的观点建立在受托责任理论的基础上。鉴于代理理论严密的数学论证以及相对丰富的支持其结论的经验结果，本书更赞同董事长与总经理相分离的观点，因此，我们做出假设：

假设Ⅲ：银行绩效与董事长与总经理两职合一负相关。

（四）独立董事任职年限比例

独立董事制度的引进是为了更好地发挥董事会的监督作用，但是相对于管理层，由于时间和信息的限制，独立董事不能对管理层活动进行透彻了解，信息的不对称使得独立董事的作用受到质疑。因此，我们做出假设：

假设Ⅳ：银行绩效与独立董事任职年限比例正相关。

（五）年度内董事会的会议次数

尽管 Jensen（1993）认为，CEO 几乎总是为董事会制订日程表，而且大部分会议用于讨论日常经营事务，这限制了外部董事进行有意义地控制经理的机会。所以，董事会并不是非常有效的，董事会行为可能相对被动，董事会经常在出现问题时被迫从事高频率的活动。以这个观点来看，董事会会议成为了解决公司问题的一个“灭火器”，而不是用于事前改进公司治理的一项措施。所以，更高频率的董事会活动可能是公司对较差绩效所做出的反应（Vafeas，1999）。同时，董事会的作用在危机期间将变得更加重要，当公司绩效下降时，董事会的活动可能更加频繁以应付出现的问题。公司在经过高频率的董事会会议应对公司危机之后，公司绩效通常会得到一定程度的提高。因此，我们做出假设：

假设Ⅴ： 年度内董事会的非正常会议频率与银行绩效显著正相关。

根据以上分析，我们建立以下一组模型：

$$ROA = Finaleve + Fsize + Fhs + Z + Net \tag{9-1}$$

$$ROA = Finaleve + Fsize + Fhs + Z + Inddir + Inbt + Leader + Dirsize + Dirmeet \tag{9-2}$$

$$EPS = Finaleve + Fsize + Fhs + Z + Net \tag{9-3}$$

$$EPS = Finaleve + Fsize + Fhs + Z + Inddir + Inbt + Leader + Dirsize + Dirmeet \tag{9-4}$$

三、变量的统计性描述

研究选取了深圳发展银行、上海浦东发展银行、华夏银行、民生银行、中信银行以及招商银行 6 家上市的商业银行。由于数据所限，剔除不完整和异常数据之后，样本只有 22 个。统计年份从 2002 年到 2005 年，其中，22 个样本中有 4 个样本是两职合一，占总数的 18%，这显示，在银行业两职分离的现象是普遍存在的。其他变量的描述性统计，如表 9-2 所示。

表 9-2 变量的统计性描述

变量	均值	标准差	中位数	最大值	最小值
Fsize	26.028	1.297	26.519	27.322	23.192
Finaleve	27.891	13.949	31.694	44.452	1.155
Fhs	0.155	0.091	0.143	0.324	0.059
Dirsiz	17.636	2.172	18.000	20.000	13.000
Dirmeet	10.045	3.429	10.000	19.000	5.000
EPS	0.297	0.146	0.305	0.635	0.040
Inddir	0.316	0.089	0.314	0.421	0.100
Inbt	0.967	0.891	0.633	3.500	0.250
Net	244.773	109.991	239.000	456.000	40.000
ROA	0.006	0.007	0.004	0.031	0.001
Z	2.291	1.507	1.439	5.591	1.061

表 9-2 显示，在银行基本数据方面，资产规模各行相差不是太大，总体接近，而资本结构和网点数量则各行相差较大。中信银行的资本负债比例历年都比其他银行低很多，与最大负债比例的银行相差 40 多倍。而在网点数方面，由于是混合数据，股份商业银行发展是一个阶段，因此在早期，银行网点数量普遍不是很多，因此此项标准差会如此之大。在银行绩效方面，ROA 和 EPS 表现出总体稳定的情况，各行之间差别不大。在股权结构方面，各行第一大股东持股比例普遍较低，这可能与严格的监管制度有关，同时股权结构中的制衡能力各行之间还有差别。在董事会方面，董事会规模差异比较显著，并且在绝对数量上比一般企业要多很多。在董事会独立性方面，样本表现比较稳定。董事会会议次数上，各行之间有明显的差别。

四、变量的相关性分析

研究将银行绩效与几个董事会变量做了相关性分析，结果如表 9-3 所示，表格上半部分是 Spearman 检验，下半部分是 Pearson 检验，括号内是 P 值。

表 9-3　董事会治理与银行绩效的相关性分析

	ROA	EPS	Inddir	Inbt	Dirsiz	Dirmeet	Leader
ROA	1	0.412 (0.797)	0.459 (0.031)	-0.241 (0.28)	0.369 (0.091)	-0.066 (0.771)	0.049 (0.828)
EPS	0.159 (0.127)	1	-0.226 (0.312)	-0.499 (0.018)	0.077 (0.734)	-0.325 (0.140)	0.010 (0.965)
Inddir	0.425 (0.049)	-0.239 (0.286)	1	-0.248 (0.265)	0.326 (0.138)	-0.074 (0.743)	-0.046 (0.838)
Inbt	-0.137 (0.542)	-0.387 (0.075)	-0.254 (0.255)	1	-0.409 (0.055)	0.263 (0.237)	0.413 (0.056)
Dirsiz	0.474 (0.026)	0.103 (0.649)	0.339 (0.123)	-0.115 (0.610)	1	-0.106 (0.638)	-0.252 (0.257)
Dirmeet	0.188 (0.403)	-0.252 (0.258)	-0.201 (0.371)	0.214 (0.338)	-0.125 (0.579)	1	0.029 (0.899)
Leader	-0.154 (0.528)	-0.093 (0.681)	-0.180 (0.462)	0.521 (0.013)	-0.198 0.377	0.019 (0.934)	1

表 9–3 显示，在不考虑其他因素的情况下，无论是 Spearman 检验还是 Pearson 检验，独立董事的比例对银行绩效都有显著的促进作用。但是同样值得注意的是，独立董事任职年限对银行的市场价值却呈显著的负相关。董事会规模与银行绩效之间存在比较明显的正相关，而董事会会议次数和两职分离情况与银行绩效间关系不明显。另外，董事会治理的各个变量之间相关系数不高，这意味着它们各自影响作用的重叠性较低。

第四节 回归分析结果

表 9–4 是运用普通最小二乘法回归分析的一组模型的结果，括号内是 P 值。

表 9–4 董事会治理与银行绩效间回归分析

自变量	因变量			
	ROA		EPS	
	模型 1	模型 2	模型 3	模型 4
Fsize	−0.004 (0.157)	−0.005 (0.256)	0.031 (0.510)	0.051 (0.443)
Finaleve	−0.001 (0.171)	−0.001 (0.069)	−0.011 (0.006)	−0.019 (0.029)
Net	0.001 (0.361)	0.001 (0.351)	0.001 (0.058)	0.001 (0.058)
Fhs	−0.0287 (0.475)	−0.137 (0.111)	−2.016 (0.005)	−2.907 (0.011)
Z	−0.001 (0.715)	−0.005 (0.098)	−0.029 (0.208)	−0.081 (0.090)
Inddir		0.029 (0.336)		0.341 (0.448)
Inbt		−0.001 (0.588)		−0.032 (0.271)
Dirsiz		−0.003 (0.089)		−0.036 (0.097)

续表

自变量	因变量			
	ROA		EPS	
	模型 1	模型 2	模型 3	模型 4
Dirmeet		-0.001 (0.039)		-0.006 (0.378)
Leader		0.003 (0.422)		0.058 (0.352)
R-squared（adjusted）	0.602	0.804	0.835	0.894

从模型（9-2）和模型（9-4）可以看到，独立董事比例对银行绩效是正的促进作用，但是这种作用不明显。而独立董事任职年限比与绩效呈负相关关系，这与假设Ⅳ相反。董事会规模与绩效间显著的负相关，与假设Ⅱ相吻合。而开会次数越多，绩效越差，这与假设Ⅴ相反。而两职合一情况对绩效正的影响不明显。

独立董事比例对银行绩效的促进作用不明显，有以下几个可能的原因。一是，替代理论（Substitution）认为，治理结构之间是互相替代的。从模型（9-1）和模型（9-3）对比模型（9-2）和模型（9-4），可以发现，当考虑到董事会治理因素时，股权制衡能力对绩效的影响变得显著了。这意味着当公司的股权结构分散，股权制衡能力较好时，几个大股东之间互相牵制，那么中小股东的利益保护会比那些拥有一股独大的股权结构的公司要好。换言之，由于股权结构的制衡，使得独立董事在保护中小股东而执行的监督能力弱化。我国商业银行由于监管等原因，股权比较分散，股权结构的制衡能力相比一般企业要好得多，因此独立董事的监督能力弱化，使得其对企业绩效的促进不明显。二是，独立董事本身的因素也可能促成这样的结果。独立董事由于地位特殊，因此平时对银行的信息掌握不够，又加上部分独立董事身兼数职，尽管有些在银行待了数年，但是没有精力履行独立董事的职责，造成了独立董事设置的形式化。另外，独立董事的作用可能是滞后的，这也可以解释独立董事作用的不显著。

与假设Ⅳ不符，从回归结果发现，独立董事任职年限比与银行绩效负相关，即任职年限越久，银行绩效反而越差。可能的原因是，独立董事由于任职年限增加之后，与银行关系增加，独立性减弱，监督作用弱化，导致银行绩效的下降。

董事会开会次数与绩效呈负相关。正如 Jensen（1993）认为，大部分董事会会议用于讨论日常经营事务，这限制了外部董事进行有意义地控制经理的机会。同时，董事会活动频繁也可能是由于银行绩效下降，而需要频繁商量对策所造成的。

从表 9-4 还可以看到，因素对企业会计价值的影响和对市场价值的影响是不同的。比如银行规模对 ROA 的影响是负相关的，但是对 EPS 却是正相关的；而银行网点数量和第一大股东持股比例对银行市场价值的影响显著的超过了对会计价值的影响。这说明投资者更看中银行的未来发展，认为较大的规模和较多的网点对银行今后发展意义重大，并且也给银行带来了潜在的现金流。而关于股权结构，投资者担心第一大股东持股比例越高，侵吞中小股东利益的可能性越大，因此对第一大股东持股抱不信任感。

第五节　本章小结

研究表明，银行董事会监督方面因为其在治理方面的特殊性而有所弱化。由于上市银行的严格监管和市场准入等方面原因，股权相对比较分散，“一股独大”现象没有一般企业那么明显，因此在股权制衡能力比较强。替代理论认为，治理结构之间的作用可以互相替代。由于股权结构的制衡，使得董事会监督作用有所弱化，但绝不是说没有作用，两者也是相互促进的。而在独立董事方面，研究结果显示，现阶段上市银行独立董事的监督作用不明显。但结果也暗示，独立董事的作用有可能是滞后的，即当期独立董事的作用在下一期才显示出来。因此，单从研究本身来看，不能认为独立董事的作用可以忽略。

在董事会提高决策效率方面，研究表明，银行董事会规模对业绩的作用是相反的。也就是说，现阶段我国上市银行董事会规模过大。尽管这样或许能够更多地执行监督职能，但由此带来的协调成本大于由监督效率提高所带来的收益。而同时研究也显示，董事会开会的次数也与绩效成反比，这是值得我国上市银行警惕的问题。

值得注意的是，银行董事会的激励机制。一般治理理论关于激励问题考虑两点，薪酬和声誉。对于银行业来说，由于银行监管等方面的特殊要求，持股的多为机构。而董事会成员则几乎是来自各个持股机构的派出代表。这种特殊结构带来的问题是，董事会成员的薪水一般不在银行领取，另外董事会成员也极少直接持有银行股份，股权激励也无从谈起。而声誉激励鉴于我国在这方面还未有较好的发展，影响也比较弱。因此，银行董事会激励的问题不能套用一般的治理激励结论。现有可行的方法只有通过派出机构的间接激励来促使董事会成员执行各自职能。

银行独立董事的背景有相当一部分来自金融领域，因此在发挥监督和提高决策效率方面有不同于一般企业的优势。一般企业的独立董事未必对该公司及其行业有过多的了解，因此在发挥职能方面有所限制。而银行独立董事的金融背景，能够很好地发现银行存在的问题以及提出今后发展的道路，这是需要上市银行充分发挥的地方。但是同样需要引起注意的是，上市银行独立董事与一般企业独立董事一样存在兼职过多的问题。一个独立董事往往在几家公司同时担任独立董事，因此不能按时出席董事会而履行其职责成为常态。更因此使得独立董事机制流于形式。另外，我国独立董事制度普遍存在的责、权、利失衡。激励不足却要承担很大的责任风险，这使独立董事在行使职责时难免有后顾之忧。这也是研究结果为什么显示银行独立董事作用不明显的原因之一。

国内上市银行要与外资银行竞争，在外部治理尚未完善的今天，着重内部治理是现阶段提升竞争能力的重要步骤。但是，从研究结果看，大多数国内银行还未从根本上注重公司内部治理，普遍的流于形式不利于银行自身核心竞争力的提升，也不利于国内金融改革的进一步深化。因此，如何进一步提高自身治理水平，是今后国内银行面临的主要问题。

第十章　银行独立董事制度的运行效率

第一节　引言

董事会作为公司治理的内部核心机制之一，其效率能否有效发挥一直是各国学者和公司治理机构及组织关注的热点问题。独立性是评价董事会的重要指标，理论研究方面关于独立董事的定义已经达成共识，即不论何种表述，实际上都包含两层意思：其一，独立董事不能是公司的在职雇员；其二，独立董事与公司没有直接和密切的商业利益关系。

由于独立董事不像内部董事那样直接受制于控股股东和公司经理层，从而可能有利于董事会对公司事务的独立判断。此外，独立董事还可能以其专业知识来促进董事会的决策科学化。因此，在主要市场经济国家的公司中，独立董事在董事会中的人数比例和职责都得到了高度的重视。独立董事参与公司治理是现代企业制度的一次重要创新和尝试，因为它在解决利益公司冲突时，给所有参与契约的利益相关者们一个可以接受的结果（郭强、蒋东生，2003）。

目前，国内对独立董事的研究基本上集中于理论分析，着眼点主要在于从不同的角度探讨独立董事与内部管理人员的关系，或如何完善公司治理结构。其观点大致可分为以下几类：①如何选聘独立董事。排除已有董事会席位的大股东的提名权和决议权，由中小股东来推选独立董事，并成立独立董事提名委员会（陈宏辉、贾生华，2002）。②独立董事的激励约束机制。对独立董事的激励建议以声誉激励为主，辅之以报酬激励（陈宏辉、贾生华，2002）。从企业契约论的角度，分析独立董事有效性的约束条件，对于独立董事的激励的报酬模式与法人利益要有高度关联性（郭强、蒋东生，2003）。建立间接薪酬制度是由独立董事职责特殊性所决定的，也是保障独立性、完善公司治理的不可或缺条件（郭璟、吴宁，2004）。另外，很多学者建议建立独立董事的执业体系。③以信息对称为目标的信息制度如何设置。公司管理层显然是其获取信息的主要渠道，而来自被监督对象的信息是否真实和完整存在疑问，另外，独立董事时间和精力也很有限（张凡，2003；郭强、蒋东生，2003；陈宏辉，贾生华，2002）。④协调独立董事与监事的功能冲突等。上述关于独立董事的基本问题的讨论有一定借鉴意义，但无论在理论上还是在制度的实际安排上皆存在许多内在的矛盾。

关于独立董事制度的实证分析，主要集中在两个问题上：其一，独立董事制度与公司绩效的关系；其二，独立董事人数的确定。国内这方面的研究极少，而国外的研究则较丰富，他们基于不同的视角并运用不同的方法对这一问题进行了经验分析，但是这些研究却得出了相互矛盾的结果。Baysinger 和 Butler（1985）的研究表明，独立董事在董事会中所占比例与公司业绩之间呈正向相关关系。但是也有相反的研究结果（Hermalin 和 Weibach，1991；Mehran 1995）。Rosenstein 和 Wyatt（1990）考察了发布增加董事会中的独立董事人数消息当天的公司股票价格的变化，他们发现，随着任命消息的发布，公司的股票价格平均上升 0.2%，他们的研究结果表明市场预期股东将从独立董事和任命中获益。Hemalin 和 Weisbach（1998）发现，在公司绩效下降之后，相对于内部董事的任命而言，独立董事的任命数增多，这表明独立董事被认为更可能接受来自提高公司绩效的挑战。Borokhovich 等（1996）发现，独立董事比内部董事更可能做出来自公司外部经理人员替换具有较差绩效 CEO 的决策。当情况需要时，独立董事更愿意支持公司决策的重要变化。总之，20 世纪 90 年代中期以来越来越多的研究显示，独立董事制度总体上有利于公司业绩提高（Renneboog，2000）。事实上直至 20 世纪 90 年代后期以来，独立董事制度才真正引起广泛关注并完善，在此之前的独立董事制度还很难称得上是一种制度，其在公司治理中的作用没有完全体现出来。

上述的文献研究大都将视角涵盖所有行业，而且有相当数量实证分析的样本数据是将金融行业排除在外的。这就使得得出的结论在银行业是否适用而值得商榷。尤其值得注意的是，银行业本身的特殊性，使得在公司治理问题上明显有别于其他行业（Caprio、Laeven 和 Levine，2003）。Prowse（1995），John 和 Qian（2003），John、Mehran 和 Qian（2003）等从银行业自身特点出发，研究了银行董事会人员构成、高管激励等治理问题。潘敏（2006）从理论上分析了银行业资产结构的特殊性、资产交易的非透明性和严格管制三个典型特征对商业银行公司治理的影响。

银行业治理的特殊性主要表现在股权结构、债权结构、资产交易和管制等方面。在股权结构方面，由于政府的管制以及自有资本的限制，银行业股权比较分散，没有显著的"一股独大"的现象出现，股权制衡能力比较强。在债权方面，由于银行的债权所有人有相当一部分是中小储户，使得债权保护比较困难，债权治理相对乏力。银行的资产交换不透明，信息不对称程度比一般企业很大，导致外部投资者和债权人很难对资产交易质量进行评价，使得外部监督困难。另外，银行业董事会成员大部分是相关机构的派出人员，董事会持股比例显著少于其他上市企业，因此单从此方面考量，很难认为董事会有很好的激励动机来对经理层进行有效的监督，并对广大股东负责。

2000 年，从中国上市公司披露的年报看，只有 4.92%的公司聘请了独立董事。中国证监会 2001 年 8 月发布了《关于在上市公司建立独立董事制度的指导意见》，其中规定：各境内上市公司在 2002 年 6 月 30 日前，董事会成员中应当至少包括 2 名独立董事，其中至少包括 1 名会计专业人士；在 2003 年 6 月 30 日前，上市公司董事会成员中应当至少包括 1/3 独立董事。于是在证监会的要求下很多公司在 2001 年增设了两位独立董事。至此，独立董事制度的建设已步入了一个新的阶段。

本章的目的是检验 2001 年 8 月证监会在建立独立董事制度的指导意见发布后，独立董事在银行业是否发挥了治理作用，通过对中国上市银行独立董事运行效率的实证分析，找出中国上市银行独立董事制度存在的问题和尚待改进之处，并提出有益的建议。

第二节　实证分析

一、样本数据

我们的数据是 2002~2005 年的国内上市的股份制商业银行，一共选取了 6 家上市商业银行。考虑到银行业数据收集的限制，样本比较少，因此将各家银行的历年数据制成混合数据。数据来源主要是色诺芬数据库，并以各家银行历年的年报作为补充。

二、研究方法

（一）单方程模型检验

Performance = Corporation + CEO + Ownership + Independent Directors

Performance 表示银行绩效，用 2 个变量来衡量。一个是总资产回报（ROA），代表会计数据；另一个是每股收益（EPS），显示银行市场价值。

Corporation 代表银行的基本性质，用 3 个指标来衡量。一是银行规模，用 SIZE 表示，实证研究中采用总资产（Asset）表示；二是银行资本结构，用 CS 代表；三是银行网点数量，用 NET 表示。控制这些指标，是为了更好地突出治理结构对银行绩效的影响。

CEO 是用来刻画银行高管性质，这里我们采用一个虚拟变量 CEOdul。当行长或者总经理同时又担任董事长时取值 1，两者分离时取值 0。一般认为两职分离指标是描述董事会独立性的重要变量，当总经理或者行长同时是董事长时，独立董事要发挥作用就比较有限，由此董事会的独立性就比较弱。

Ownership 代表银行股权结构，在实证研究中，我们用 3 个指标来刻画。第一个变量是 FHS，代表第一大股东的持股比例。第一大股东持股比例，一方面作为衡量银行股权结构，另一方面由于其在董事会对独立董事任免等影响比较大，有可能会因此影响到董事会的独立性。第二个变量是 Z，用它表示银行股权结构的制衡能力，计算方式是第一大股东与第二大股东持股比例的比值。自“安然事件”之后，越来越多的学者注意到大股东有可能在没有制约的条件下出现损害其他股东的行为，这称为“隧道效应”（Tunneling）。因此制衡能力是体现股权结构的重要指标。Z 值越小，制衡能力越强。第三个变量是一个虚拟变量 FN，它表示银行实际控制人的性质。当银行是国有控制时取值 0，当实际控制人是民营或者外资时取值 1。

Independent Directors 用来描述银行董事会独立性，我们用 2 个指标来衡量。一是独立董事在董事会中占有的比例，用 IBP 表示，它通常用来衡量董事会独立性。一般认为，在董事会中，独立董事比例越高，与该公司的关系关联越远，独立性就越大。二是独立董事的任职年限与总经理或者行长的任职年限的比值，用 IBT 表示。独立董事制度的引进是为了更好地发挥董事会的监督作用，但是相对于管理层，由于时间和信息的限制，独立董事不能对管理层活动进行透彻了解，信息的不对称使得独立董事的独立性值得质疑。因此将 IBT 作为另一个衡量董事会独立性的指标。

为了分析董事会独立性与银行绩效间的关系，我们设定了以下一组单方程计量模型：

$$ROA = SIZE + CS + NET \tag{10-1}$$

$$ROA = SIZE + IBP + CEOdul + FHS + FN + Z \tag{10-2}$$

$$ROA = SIZE + IBP + CS + NET + CEOdul + FHS + FN + Z \quad (10\text{–}3)$$

$$ROA = SIZE + IBT + CS + NET + CEOdul + FHS + FN + Z \quad (10\text{–}4)$$

$$ROA_t = SIZE + IBP_{t-1} + CS + NET + CEOdul + FHS + FN + Z \quad (10\text{–}5)$$

$$EPS = SIZE + IBP + CS + NET + CEOdul + FHS + FN + Z \quad (10\text{–}6)$$

其中模型（10–5），是考虑独立董事的作用滞后的可能性，即当期的独立董事的作用可能是通过下一期银行业绩所反映出来的。因此，实证研究中我们将当期的银行业绩与前一期董事会独立性联系起来，以考察两者之间的关系。

（二）联立方程模型的检验

前面是将董事会独立性作为外生变量考虑，现在我们将它作为内生变量来考虑。运用联立方程模型，在控制了其内生性后，检验董事会独立性与银行绩效间的关系。联立方程模型如下：

$$ROA = SIZE + CS + NET + CEOdul + FHS + FN + Z + IBP$$

$$IBP = SIZE + CS + CEOdul + FHS + FN + Z + ROA + BS \quad (10\text{–}7)$$

由于使用联立方程模型检验，需要在各个结构方程中加入工具变量。一个好的工具变量，不仅要与内生变量关系密切，而且同时要与误差项没有关系，因此我们选用 NET 作为第一个结构方程的工具变量。另外增加董事会规模，作为第二个方程的工具变量，用 BS 表示。

各模型采用变量的详细定义，如表 10–1 所示。

表 10–1　变量定义

变量名称	定　义
Asset	表示银行总资产
CS	描述银行资本结构，计算公式：CS=负债合计/股东权益合计
CEOdul	描述银行两职分离情况，虚拟变量，两职分离取值 0，两职合一取值 1
FHS	表示银行第一大股东持股比例
BS	表示董事会规模，以人数来计算
FN	描述银行实际控制人性质，虚拟变量，国有控股取值 0，其他取值 1
EPS	表示每股收益，计算公式：EPS=净利润/期末总股本
IBP	表示独立董事比例
IBT	表示独立董事任职年限与总经理或行长任职年限的比值
NET	表示银行拥有的网点数量
ROA	表示总资产收益率，计算公式：ROA=净利润/总资产
Z	表示银行第一大股东与第二大股东持股比例的比值

第三节　回归结果

一、数据描述

研究选取了深圳发展银行、上海浦东发展银行、华夏银行、民生银行、中信银行以及招商银行 6 家上市的商业银行。由于数据所限，剔除不完整和异常数据之后，样本只有 22 个。统计年份从 2002 年到 2005 年，其中，22 个样本中有 4 个样本是两职合一，占到总数的 18%，这显示，在银行业两职分离的现象是普遍存在的。另外，在上市银行实际控制人方面，只有深发展在 2004 年引进了国外战略投资者——Newbridge Asia，而民生银行则是由刘永好家族实际控制，属于民营控股。因此，在所有样本中有 77%是国有控股，占到了大多数。其他变量的描述性统计，如表 10-2 所示。

表 10-2　变量的描述性统计

变量	均值	标准差	中位数	最大值	最小值
Log(Asset)	26.028	1.297	26.519	27.322	23.192
CS	27.891	13.949	31.694	44.452	1.155
FHS	0.155	0.091	0.143	0.324	0.059
BS	17.636	2.172	18.000	20.000	13.000
EPS	0.297	0.146	0.305	0.635	0.040
IBP	0.316	0.089	0.314	0.421	0.100
IBT	0.967	0.891	0.633	3.500	0.250
NET	244.773	109.991	239.000	456.000	40.000
ROA	0.006	0.007	0.004	0.031	0.001
Z	2.291	1.507	1.439	5.591	1.061

表 10-2 显示，在银行基本数据方面，资产规模各行相差不是太大，总体接近，而资本结构和网点数量则各行相差较大。中信银行的资本负债比例历年都比其他银行低很多，与最大负债比例的银行相差

40 多倍。而在网点数方面，由于是混合数据，股份商业银行发展是一个阶段，因此在早期，银行网点数量普遍不是很多，因此此项标准差才会如此之大。在银行绩效方面，ROA 和 EPS 表现出总体稳定的情况，各行之间差别不大。在治理结构方面，董事会规模差异比较显著，各行第一大股东持股比例普遍较低，这可能与严格的监管制度有关，同时，股权结构中的制衡能力各行之间还有差别。而在董事会独立性方面，样本表现比较稳定。

二、相关性分析

表 10-3 列示了几个变量之间的相关系数，表格上半部分是 Spearman 检验，下半部分是 Pearson 检验，括号内为 P 值。

表 10-3　变量间相关性分析

	ROA	EPS	IBP	IBT	Z	FHS	Asset	CS	NET
ROA	1	0.412 (0.797)	0.459** (0.031)	−0.241 (0.28)	0.242 (0.278)	0.449** (0.036)	−0.217 (0.373)	−0.759*** (0.000)	−0.095 (0.673)
EPS	0.159 (0.127)	1	−0.226 (0.312)	−0.499** (0.018)	−0.467** (0.028)	−0.623*** (0.002)	0.787*** (0.000)	0.219 (0.329)	0.730*** (0.000)
IBP	0.425** (0.049)	−0.239 (0.286)	1	−0.248 (0.265)	0.247 (0.268)	0.375* (0.086)	−0.141 (0.565)	−0.601*** (0.003)	−0.342 (0.119)
IBT	−0.137 (0.542)	−0.387* (0.075)	−0.254 (0.255)	1	0.409* (0.059)	0.128 (0.570)	−0.280 (0.245)	0.251 (0.261)	−0.287 (0.196)
Z	0.360* (0.099)	−0.634*** (0.001)	0.201 (0.367)	0.564*** (0.006)	1	0.774*** (0.000)	−0.418* (0.075)	−0.421* (0.051)	−0.054 (0.810)
FHS	0.665*** (0.001)	−0.685*** (0.000)	0.476** (0.025)	0.051 (0.820)	0.733*** (0.000)	1	−0.548** (0.015)	−0.653*** (0.001)	−0.258 (0.246)
Asset	0.154 (0.528)	0.844*** (0.000)	0.180 (0.462)	−0.584*** (0.009)	−0.013 0.957	−0.165 (0.500)	1	−0.309 (0.198)	0.760*** (0.000)
CS	−0.764*** (0.000)	0.465** (0.029)	−0.518** (0.013)	0.317 (0.149)	−0.372* (0.088)	−0.852*** (0.000)	0.452* (0.052)	1	0.120 (0.594)
NET	−0.517** (0.013)	0.765*** (0.000)	−0.408* (0.058)	−0.141 (0.529)	−0.409* (0.058)	−0.520** (0.012)	0.818*** (0.000)	0.542*** (0.009)	1

注：* 表示显著性在 0.10 水平之内，** 表示显著性在 0.05 水平之内，*** 表示显著性在 0.01 水平之内。

表 10-3 显示，在不考虑其他因素的情况下，无论是 Spearman 检验还是 Pearson 检验，独立董事的比例对银行绩效都有显著的促进作用，但是同样值得注意的是，独立董事任职年限对银行的市场价值却

显著的负相关。另外，分析显示第一大股东持股比例和资本结构与银行会计价值有显著关系，而股权结构和网点数量与银行市场价值关系密切，并且股权结构、企业绩效与银行董事会独立性存在紧密的关系。

三、回归分析

（一）单方程模型回归分析

表 10-4 用一组单方程模型考察了董事会独立性与银行绩效间的关系，括号内是 P 值。

表 10-4　独立董事与银行绩效间单方程回归分析

自变量	因变量					
	ROA					EPS
	模型（10-1）	模型（10-2）	模型（10-3）	模型（10-4）	模型（10-5）	模型（10-6）
Log（Asset）	-0.003 (0.185)	-0.003 (0.060)	-0.012 (0.028)	-0.001 (0.078)	-0.006 (0.095)	0.019 (0.004)
IBP		0.003 (0.852)	0.01 (0.459)		0.037 (0.083)	0.272 (0.163)
IBT				0.001 (0.821)		
CS	-0.001 (0.094)		-0.001 (0.645)	-0.001 (0.113)	-0.001 (0.192)	-0.011 (0.003)
NET	0.001 (0.532)		0.001 (0.047)	-0.001 (0.466)	0.001 (0.481)	0.001 (0.000)
CEOdul		0.001 (0.665)	0.001 (0.918)	0.002 (0.461)	0.001 (0.641)	0.064 (0.112)
FHS		0.04 (0.219)	-0.008 (0.832)	-0.006 (0.908)	-0.235 (0.093)	-1.878 (0.008)
FN		0.002 (0.667)	0.01 (0.065)	0.001 (0.926)	0.018 (0.266)	0.044 (0.364)
Z		-0.002 (0.261)	-0.003 (0.206)	0.001 (0.953)	-0.001 (0.171)	0.013 (0.595)
R-squared（adjusted）	0.681	0.639	0.774	0.655	0.645	0.883

模型（10-1）~模型（10-6）中的几个自变量可以归为两类，一类是衡量银行治理结构的变量；另一类是描述银行基本特征的变量。

表 10-4 显示独立董事对银行绩效的作用是滞后的。模型（10-1）~模型（10-4）以及模型（10-6）显示，尽管独立董事比例对银行绩效有提升，但是效果并不明显。而模型（10-5）却显示当期的独立董事比例对下一期银行业绩有明显的促进作用。

替代理论（Substitution）认为，治理结构之间是互相替代的。当公司的股权结构分散、股权制衡能力较好时，几个大股东之间互相牵制，那么中小股东的利益保护会比那些拥有“一股独大”的股权结构的公司要好。换言之，由于股权结构的制衡，使得独立董事在保护中小股东而执行的监督能力弱化。我国商业银行由于监管等原因，股权比较分散，股权结构的制衡能力相比一般企业要好得多，因此独立董事的监督能力弱化，使得其对企业绩效的促进不明显。而独立董事本身的因素也可能促成这样的结果。独立董事由于地位特殊，因此平时对银行的信息掌握不够，又加上部分独立董事身兼数职，尽管有些独立董事在银行待了数年，但是没有精力履行独立董事的职责，造成了独立董事设置的形式化。

尽管独立董事的监督作用有可能被其他治理结构所替代，但是独立董事的作用不仅是监督职能，它还有提高董事会决策能力这一同样重要的职能。因此，在当期独立董事由于所得信息不足，对银行绩效的作用有限是有可能的。但是在掌握了当期的信息之后，独立董事可以凭借其专业背景和关系，提高董事会的决策效率，促进下一期业绩的提升。而模型（10-5）正好显示了这一点。

表 10-4 还可以看到，第一大股东持股比例对银行的绩效存在负的相关关系。这提醒我们，虽然银行股权比较分散，但是“隧道效应”（Tunneling）还是可能存在的。如果缺乏更好的制衡环境，以及更有效的监督力量，侵占银行利益的事情还是有可能发生。并且从 IBP、IBT 和 Z 的分析结果看，加强制衡能力和监督能力还能因此对企业绩效有促进作用。另外，分析结果还提示，引进一定的战略投资者对银行的业绩提升有帮助。

值得注意的是，比起治理结构，银行规模、资本结构和网点数量对银行的绩效有更显著的影响。一个有趣的现象是，模型（10–1）~模型（10–6）回归分析显示，银行规模越大，企业总资产回报越少。但是模型（10–6）却显示，银行的规模越大，企业的市场价值越高。这明显的表示，广大投资者认为，银行的规模越大，今后银行升值的潜力越大，因此在股票市场上给予规模大的银行一个更好的评价。但是现实的情况却显示，规模大的银行在资产回报方面做得还不够好。在外资银行抢滩中国市场的今天，银行除了注重量的方面累计之外，还需要在质的方面给予更高度的重视。

银行的网点数在一定程度上代表了银行在市场上的份额，网点数量越多，市场份额可能越大，从而能够促进银行业绩的提升。从模型（10–6）可以看到，网点数的多寡也暗示了银行今后发展的潜力的大小。

总的来说，在银行业，独立董事的作用有明显的滞后。独立董事在董事会的作用更多的是发挥其提高董事会决策的能力。相对来说，其监督职能有可能因为其他治理结构的替代效应而有所弱化。并且，企业规模、资本结构和网点数量对银行的绩效有更为明显的影响。另外，从模型（10–1）和模型（10–3）比较来看，两者不能偏废，结合起来对企业绩效有更好的促进作用。

（二）联立方程模型的回归分析

表 10–5 是运用三阶段最小二乘法（3SLS）对模型（10–7）的回归结果，括号内是 P 值。

表 10–5 独立董事与银行绩效间联立方程回归分析（3SLS）

	内生变量	
外生变量	ROA	IBP
ROA		5.672（0.470）
IBP	0.041（0.362）	
Log(Asset)	–0.016（0.021）	–0.079（0.099）
CS	–0.001（0.953）	0.007（0.354）
NET	0.001（0.037）	
CEOdul	–0.001（0.826）	0.052（0.302）
FHS	–0.028（0.548）	1.542（0.096）

续表

外生变量	内生变量	
	ROA	IBP
Z	-0.003（0.167）	-0.085（0.063）
FN	0.011（0.031）	0.115（0.074）
BS		0.031（0.115）

表 10-5 显示，在控制了变量内生性的影响之后，董事会独立性与银行绩效间仍然存在一定的正相关关系。比较表 10-4，在考虑独立董事比例内生之后，两职分离情况对银行绩效有一定的促进作用，银行实际控制人性质对银行绩效的作用变得显著。

从表 10-4、表 10-5 看到，独立董事作用在当期虽然有促进但不明显，而单从模型（10-5）发现，独立董事的滞后效应是很明显的。独立董事在监督方面可能由于其他治理结构的替代效应而弱化，但是它在提高决策效率方面的作用不容忽视。因此，为了更好地反映独立董事这方面的作用，我们对其做进一步的分析。

（三）进一步分析

通过模型（10-5），我们发现独立董事在银行业里可能更多的是发挥其专业背景和社会关系，以帮助董事会提高决策质量，从而促进银行业绩的提升。为了更深入地对这个问题进行分析，我们建立了模型：

$$ROA = SIZE + NET + FIN + RLT + FHS + Z \quad (10-8)$$

该模型中，FIN 代表独立董事中有金融背景的人数。我们判断独立董事是否有金融方面的背景，有两个条件：一是该董事自身是否是金融方面的专家；二是该董事现在是否在其他金融公司担任高管。两个条件满足一个，就认为该董事拥有金融方面的背景。而 RLT 则代表独立董事中拥有一定的行业社会关系。这方面我们的认定是，考虑独立董事是否在会计、法律等协会任职，特别是将在政协任职的独立董事认作是拥有政治关系背景。

我们手工收集了 6 家银行历年的独立董事的背景，信息来源主要是银行年报，以及在网络上搜索的结果作为补充。收集结果发现，一般银行独立董事专业背景集中在金融、管理、法律和会计这四个主要的专业上。其中金融方面的专业人数占总比例的 1/3 强。另外，在独立董事的社会关系方面，有大学教授、各个专业协会的会长或者理事，以及在其他公司担任高管。特别值得注意的是，在其他金融公司担任高管的独立董事数量占不小比例。

该模型另外几个控制变量的定义与上面几个模型的定义一样，这里不再赘述。

表 10–6 独立董事对银行绩效的进一步回归分析

	Log (Asset)	NET	FIN	RLT	FHS	Z
ROA	–0.005 (0.112)	0.002 (0.267)	0.001 (0.051)	0.002 (0.078)	0.033 (0.245)	–0.002 (0.117)

表 10–6 的结果显示，拥有金融背景的独立董事对银行的绩效有明显的促进作用。并且，拥有更多的社会关系的独立董事对银行业绩的提升也有很大的帮助。这个结果印证了模型（10–5）的结果。

独立董事在银行业的监督职能有可能由于其他治理结构，如较强的股权制衡能力，而有所弱化，但是其提高决策的能力则有所加强。银行业独立董事中，拥有该行业背景以及专业知识的比例很高。这些独立董事的存在，对于银行的发展有较大裨益。他们一方面利用自己的专业特长，帮助银行分析环境，提高决策质量；另一方面他们自己大都也从事与该行业有关的方面，因此，可以利用庞大的关系网络，帮助银行进行运作，减少银行的社会成本。这两方面的共同作用，使得独立董事对银行的绩效有明显的促进作用。

历来对独立董事质疑的一个主要方面是信息限制。由于独立董事不能对公司有透彻的了解，因而在决策效率上所发挥的作用受到限制。但是，从实证结果来看，特别是模型（10–5）和模型（10–8）的结果显示，由于银行的独立董事中有金融背景的占绝大多数，关于银行的运作比较熟悉，再加上自身的社会关系，对于提高决策效率、促进银行发展起到了很好的作用。

第四节　本章小结

国内上市银行与一般企业在许多方面存在差异，简单套用以往的治理结论有失偏颇。在结合银行业自身特点的基础上，研究证实，因银行股权制衡能力比较强，独立董事的监督职能弱化，但是银行独立董事由于其专业背景以及广泛的社会关系，能够提高董事会决策效率，促进银行业绩的提升。研究发现，独立董事的作用是有滞后的。当期的独立董事能够明显促进银行下一期的绩效。因此，研究认为，独立董事在国内上市银行中的运行具有效率，能够帮助银行进一步发展。

此外，研究对广大投资者、监管者、银行的管理者以及股东有一定的参考价值。首先，银行业的公司治理要充分考虑到银行业本身的特点。比如高资负债、股权分散、严格监管等。这些因素对治理结构有很大的影响，银行业的治理不能简单地套用一般企业的治理结论。其次，关于独立董事的作用。以往的研究着重于其监督职能而忽略了辅助决策的职能。在银行业，由于独立董事大多从事与其相关的工作，因此对于辅助决策有很好的影响能力，这是考虑银行治理所不能忽视的方面。最后，研究还显示，要想促进银行业绩的提升，改善治理结构和扩大市场份额同等重要，不可偏废。

第十一章　银行高管薪酬与银行绩效

第一节　问题的提出

随着中国农业银行于 2010 年 7 月 15 日以全球最大的 IPO 登陆资本市场，国有独资银行成为历史，也实现了国有独资商业银行股份制改革的阶段性收官。中国国有银行股份制改革的终极目标是提升中国银行业与国际一流银行可比较的持续竞争优势，其中对公司管理者的激励是公司治理中非常重要的一个问题。

薪酬激励是通过薪酬制度的设计和实施来对公司员工进行经济奖惩以实现其激励约束目标的一种机制。薪酬设计存在两个焦点问题：薪酬水平和薪酬结构。许多学者从委托代理角度，对经营者薪酬做了大量的分析与研究，绝大部分研究都集中于经营者薪酬与公司经营绩效之间的关系，这些研究主要集中于讨论高管人员的薪酬水平。薪酬差距是企业薪酬结构的重要方面。西方学者关于企业内部薪酬差距对员工态度和组织绩效的影响关系也存在着激烈的争论，由此形成两种基本的观点：锦标赛理论和行为理论。锦标赛理论（Tournament Theory）认为加大薪酬差距可以改善工作态度、创造出更好的绩效。Lazear 和 Rosen（1981）、Rosen（1986）运用锦标赛理论对薪酬差距进行解释，他们认为薪酬差距是给予在竞赛中获胜者的一种额外奖励。锦标赛理论强调的是更多的竞争性奖金和更大的薪酬差距，鼓励高管人员的内部竞争以及对公司业绩的追求。行为理论则强调合作创造绩效，认为薪酬差距在一定程度上不利于合作，从而影响组织或团队绩效。

银行工作人员薪酬的基本形式包括以现金形式支付的工资、奖金和以限制股份和股票期权等形式提供的奖励和以其他形式提供的保险、福利等物质利益。员工为银行的发展付出了劳动，他必须得到一定的经济报酬，这是不容置疑的。但是，作为一种有效的经济激励机制，必须考虑以下几方面的问题：①薪酬的高低是如何决定的；②薪酬结构是否合理，特别是内部薪酬差距对银行绩效的提高是否有正向推动作用；③高管薪酬对银行绩效是否产生了积极的作用。本章以中国上市银行为样本，通过理论与实证分析，试图对上述问题给出合理的理论解释和经验证据。

第二节　研究样本及数据来源

截至 2009 年末，在沪深 A 股市场上市发行股票的商业银行共有 14 家，本章以 14 家股份制商业银行为样本，南京银行、宁波银行、北京银行、交通银行、建设银行、兴业银行和中信银行 2007 年才上市，样本选取的时间段为 2007~2009 年；工商银行、民生银行、浦发银行、华夏银行、招商银行、中国银行和深圳发展银行上市时间较早，样本选择的时间段为 2006~2009 年。所用数据来自国泰安数据库和各上市银行年报。

第三节　银行行长薪酬的影响因素

一、银行行长薪酬描述性统计

通过对样本数据收集整理，我们发现，目前国内只有 3 家银行（南京银行、宁波银行、北京银行）对行长存在股权激励，且股权份额很少，并呈逐年递减趋势。以南京银行为例，2007 年南京银行行长股权份额为 0.006%，到 2009 年股权份额只有 0.001%。股权激励作为有效的薪酬激励方式，在中国上市银行中还没有普及。

表 11-1 给出了中国上市银行行长的现金报酬描述性统计，其中 2006 年有效样本为 7 个，2007~2009 年有效样本分别为 14 个。从表 11-1 中可以看出，目前上市银行行长的薪酬普遍较高，但近 3 年银行行长薪酬均值呈下降趋势，同时也可以观察到每年的行长薪酬最大值和最小值差异很大，特别是 2008 年最小值和最大值相差 10 倍，并且各个银行的行长薪酬平均值差别也比较明显。

表 11-1　银行行长薪酬统计量

单位：万元

年份	2006	2007	2008	2009
均值	307.9865	348.489	304.9636	243.198
中值	158.5000	201.770	175.5400	184.605
标准差	324.15525	303.4914	251.76897	154.7739
方差	105076.628	92107.052	63387.612	23954.955
最小值	103.89	107.50	85.00	75.50
最大值	995.00	1004.60	853.92	530.60

二、银行行长薪酬的多变量分析

高管薪酬契约的决定因素一直是理论界和实务界关注的课题。西方学者对影响高管薪酬水平的因素作了大量的探索性研究，成果集中于企业业绩、规模及政府对高管薪酬水平的影响方面。Jenson 和 Murphy（1990）研究发现，股东价值每增加 1000 美元，企业高管的财富平均增加 3125 美元；Baker 和 James（1998）的研究认为，CEO 报酬与企业业绩具有明显递增关系，并且认为股票激励对经营者有很好的长期激励作用。国外关于薪酬激励与商业银行经营绩效的研究最早来自 Jason R. Barro 和 Robert J. Barro（1990），其研究认为，高管的薪酬变化与公司业绩之间存在着正相关关系，股票期权对高管人员的激励效应显著。魏华和刘金岩（2005）通过对鲁豫两省商业银行所作的调查结果进行实证分析，研究发现，在高管人员薪酬激励方面，样本银行高管人员薪酬与银行绩效没有关联。宋增基和杨天赋（2010）对 2006~2009 年 11 家上市的全国股份制商业银行数据进行研究，结果发现银行 CEO 薪酬与银行绩效之间的敏感性不强，即银行 CEO 薪酬越高并不意味着银行业绩越显著。陈学彬（2005）通过对内地的几家上市商业银行的薪酬激励进行研究，发现银行高管人员和员工薪酬与资产规模、资产收益率有较强的正相关性。武治国和朱贵云（2008）运用 5 家上市银行的年报数据，通过实证研究得出，样本银行的高管薪酬与商业银行的盈利水平正相关，但与商业银行经营的安全性、流动性相关程度不高，与不良资产率相关性不显著。

在总结前人对高管薪酬影响因素研究的基础上，我们认为可能影响银行行长薪酬水平主要有两个方面的因素：银行董事会特征和银行特征。其中，银行董事会特征包括董事会规模（No.Board）和董事会的独立性（INDE），银行特征包括银行总资产（Size）、网点数（No.Net）、资本充足率（TCR）和成长性（Growth）。为了分析这些因素与银行行长薪酬之间的关系，本章采用银行行长薪酬作为被解释变量，银行董事会特征和银行特征作为解释变量，银行业绩（ROE）作为特征变量，建立回归方程，其中的变量含义如表 11-2 所示。

$$
\begin{aligned}
CEO\_tz = \alpha + \beta_1 \times No.Board + \beta_2 \times INDE + \beta_3 \times Size + \beta_4 \times No.Net \\
+ \beta_5 \times TCR + \beta_6 \times Growth + \beta_7 \times ROE + \varepsilon \qquad (11-1)
\end{aligned}
$$

表 11-2　相关变量的定义

<table>
<tr><th colspan="2">变　量</th><th>符号</th><th>定　义</th></tr>
<tr><td>CEO 薪酬特征（CEO_tz）</td><td>CEO 薪酬</td><td>CEO_tz</td><td>包括银行行长的基本工资、各项奖金、福利、补贴、住房津贴及其他津贴等</td></tr>
<tr><td rowspan="2">银行董事会独立性特征（Board_tz）</td><td>董事会规模</td><td>No.Board</td><td>银行董事会总人数</td></tr>
<tr><td>独立董事比例</td><td>INDE</td><td>定义银行外部董事为公司年报中明确披露的独立董事和从职工代表大会中选出的董事，则 INDE=（No.Board−内部董事人数）/No.Board</td></tr>
<tr><td rowspan="4">银行特征（Corp_tz）</td><td>银行总资产</td><td>Size</td><td>银行总资产，实证中取其自然对数</td></tr>
<tr><td>网点数</td><td>No.Net</td><td>银行网点数量，实证中取其自然对数</td></tr>
<tr><td>资本充足率</td><td>TCR</td><td>资本总额与加权风险资产总额的比例</td></tr>
<tr><td>成长性</td><td>Growth</td><td>银行净利润增长率</td></tr>
<tr><td>特征变量</td><td>银行绩效</td><td>ROE</td><td>净资产收益率</td></tr>
</table>

表 11-3　银行行长薪酬的多变量分析

自变量	因变量（CEO_tz）
No.Board	1.42（0.14）
INDE	0.98（0.11）
ROE	2.77**（0.04）
Ln(Size)	0.95（0.12）
No.Net	1.01（0.11）
TCR	0.83（0.15）
Growth	1.31*（0.08）
$ADjR^2$	0.25

注：***、**、* 分别表示检验在 1%、5%、10%的水平上显著。

表 11-3 给出了上述方程的回归结果。可以发现，在董事会特征方面，董事会规模和独立董事比例都对行长薪酬没有显著的相关性；银行业绩与行长薪酬显著正相关，表明盈利水平的高低是决定商业银行高管薪酬的重要因素之一，银行高管薪酬已具有与经营业绩挂钩的激励特征；银行的成长性对行长薪酬有比较显著的影响，即银行净利润增长率越高，银行行长的薪酬就越高。银行规模和网点数与行长薪酬没有显著的相关性，这与收集数据显示的结果一致，如工商银行行长的薪酬水平并没有招商银行行长的薪酬高，但工商银行无论总资产还是网点数都远在招商银行之上。实证结果还发现，银行资本充足率与银行行长薪酬没有显著的相关关系，说明中国上市银行的薪酬与考核委员会在用经营绩效指标确定高管薪酬时很少考虑风险控制因素。

第四节　银行内部薪酬差距对绩效的影响

在上文中我们已经分析出影响银行行长薪酬水平的一些重要因素，但是依据锦标赛理论和行为理论的观点，薪酬结构的设计对于组织的影响可能更为重要（Jensen 和 Murphy，1990）。林俊清等（2003）研究发现，我国上市公司内部高管团队薪酬差距符合锦标赛理论的预测，并分析了公司治理因素对薪酬差距形成的影响。薪酬差距不仅考虑了银行高管的激励作用，而且也考虑了组织内其他成员特别是不同层次的企业员工的薪酬激励效果，组织成员是自私地追求个人利益还是通过协作实现组织目标具有非常重要的影响。企业内部薪酬差距的大小是我国企业、政府和媒体非常关注的话题，但是相当长的时间里，在组织薪酬研究中却很少被提及，特别是上市银行公司治理研究中对薪酬差距大小所产生的激励效应而进行的实证研究更少。本章基于两种相互竞争的理论，即锦标赛理论和行为理论，研究上市银行内部薪酬差距（包括高层管理团队内部薪酬差距、高管与普通员工之间的薪酬差距）对银行绩效的影响，以及协作需要对于这种影响的调节效应。

按照中国证监会对中国上市公司的行业类别划分标准，我们从制造业公司中随机挑选出 14 家上市公司，同时搜集了 7 家具有代表性的垄断行业上市公司作为参考数据，选取这些公司 2006~2009 年的数据与本章选取的金融行业样本进行比较分析。高管与普通员工之间相对薪酬差距我们用高管层平均薪酬/员工平均薪酬来衡量，样本中并没有发现高管层薪酬水平低于普通员工薪酬水平的公司；同时考虑到这些公司的具体特征，包括公司总资产（Size）、负债比率（Dr）和净资产收益率（ROE）。Wilcoxon/Mann–Whitney 统计量检验结果如表 11–4 所示。

表 11-4　上市银行与制造业公司的公司特征及内部薪酬差距比较

	银行和制造业公司特征中位数					
	Size	Dr	ROE	P-S	D-S	M-S
上市银行	26.53	0.944903	0.162313	43.895	22.854	27.111
制造业公司	23.84	0.4123	0.147794	97.3427	78.7433	86.6821
垄断上市公司	10.99983	0.574574	0.097975	–	65.27336	70.89471
	Wilcoxon/Mann-Whitney 统计量					
上市银行—制造业公司	4.0147***	7.9304***	0.2584	8.0861***	10.7362***	11.2716***

注：表内相关数值均为中位数，P-S、D-S、M-S 分别表示行长与员工、董事与员工、管理层与员工的薪酬差距。

从表 11-4 中可以看出，上市银行和制造业公司的公司总资产、负债比率及内部薪酬差距中位数的 Wilcoxon/Mann-Whitney 统计量在 1%的水平下都显著，说明这两者之间是存在明显差异的，而净资产收益率并不显著差异；制造业公司和垄断上市公司 ROE 都低于上市银行，但是其内部薪酬差距反而比上市银行更大，说明上市银行和制造业公司存在显著的行业特征差异，银行具有独特的行业特征，如资本结构上的高负债比、资产交易的非透明性和极为严格的行业管制和监管等。而且通过统计数据发现，银行业的员工收入普遍高于制造业员工收入，但是银行高管的薪酬与制造业高管薪酬均值相差并不是特别明显，这也是上市银行和制造业公司薪酬差距显著差异的重要原因。对比制造业公司和上市银行的公司特征及内部薪酬差距之后，我们发现上市银行的薪酬制度相对于制造业公司和垄断上市公司更具有合理性。为了进一步探讨上市银行薪酬结构的合理性，我们将对上市银行内部薪酬差距对其绩效的影响进行实证分析。

我们选取银行行长薪酬和董事、管理层及管理层与员工的相对薪酬差距（现金年薪的比值，分别用 C-D_DIF、C-M_DIF、M-Y_DIF 表示）和调节变量为自变量，公司总资产（Size）为控制变量，银行当期和下一期净资产收益率（ROEt 和 ROEt+1）为因变量，建立回归模型：

$$ROE = C-D\_DIF + C-M\_DIF + M-Y\_DIF + Size + Interaction\ term + \varepsilon$$

以检验薪酬差距对银行绩效的影响。表 11-5、表 11-6 分别代表薪酬差异和公司规模的相关系数表和回归结果。调节变量选取企业财务风险、企业规模来测量。其中，公司财务风险（FRISK）采用系统风险系数 β 来衡量；企业规模（LNHUM）采用公司当年员工总数的自然对数值来衡量。

表 11-5 各相关变量的相关系数

	1	2	3	4	5	6	7	8
ROE_t								
ROE_{t+1}	0.67**							
C-M_DIF	-0.09*	-0.130*						
C-D_DIF	-0.11*	-0.147*	0.177					
M-Y_DIF	0.013	-0.065	0.097	0.061				
Size	0.042	0.085	0.004	-0.063	0.004			
FRISK	-0.065	-0.071	0.023	0.025	0.027	-0.042		
TECH	-0.034	0.037	0.018	0.019	0.015	-0.200*	0.017	
LNHUM	0.178*	0.072	-0.058	-0.055	-0.060	0.647*	0.027	-0.510*

注：* 表示在 0.1 的水平上显著；** 表示在 0.05 的水平上显著；*** 表示在 0.01 的水平上显著。

表 11-6 薪酬差异和银行绩效的线性回归

	模型 1	模型 2	模型 3	模型 4
	ROE_t	ROE_{t+1}	ROE_t	ROE_{t+1}
M-Y_DIF	-0.126	-0.103	-0.085	-0.079
C-M_DIF	0.466	0.283*	0.279*	0.301*
C-D_DIF	-0.746*	-0.147	-0.816*	-0.592*
SIZE	0.661**	0.613**	0.625**	0.634**
FRISK×M-Y_DIF			-0.021	-0.058
LNHUM×C-D_DIF			0.147*	0.192*
FRISK×C-M_DIF			-0.013	-0.016
FRISK×C-D_DIF			-0.104	-0.118
LNHUM×M-Y_DIF			0.203*	0.214*
LNHUM×C-M_DIF			0.199*	0.214*
R^2	0.491	0.716	0.425	0.437
F	4.216*	10.743**	7.990**	8.62**

表 11-6 中，模型 1 和模型 2 是在未加入调节变量的情况下内部薪酬差距与银行绩效之间的回归模型，回归结果并不明显；在加入调节变量后，模型 3 和模型 4 中上市银行行长与管理层的薪酬差距对当年和下一年绩效 ROE 有显著正相关性，上市银行行长与董事的薪酬差距对当年和下一年绩效 ROE 显著负相关。说明银行行长与管理层之间的薪酬差距对银行绩效有促进作用，该结果支持了锦标赛理论；但银行

行长与董事之间的薪酬差距给银行绩效带来了负面的作用，董事会的职责是负责对企业经理层的监督和激励，其目标是追求企业价值最大化，回归结果符合外生董事会（董事会有独立性）理论：董事会会依据公司所处的外部环境和信息对称情况决定 CEO 薪酬差距，在信息相对对称的情况下会减小薪酬差距。外生的董事会理论可能更适合中国上市银行的治理结构现实。研究还发现，高管层内部薪酬差距、管理层及员工的薪酬差距与企业规模复杂性的交互项对银行当年 ROE 和下一年的 ROE 有正向的显著影响。表明企业规模越大，银行内部的薪酬差距的增加对绩效正向的显著影响越明显，所以企业规模对于银行的内部薪酬差距和绩效具有调节效应。而另一调节变量——企业风险的调节效应并没有得到实证结果支持。因此，企业规模这一调节变量将会增强高管团队内部、管理层及员工间的薪酬差距和组织未来绩效之间的正相关关系。

第五节 行长薪酬激励对绩效的效果

银行行长每年丰厚的收入对银行绩效是否有显著的正向作用呢？下面我们通过多元回归方法来拟合其相关性。我们选取加权平均的净资产收益率（ROE）作为对银行业绩的衡量标准，这一指标变量在以前文献中也被广泛地使用过（John 和 Qian，2003），但是也有文献使用每股收益率（EPS）来衡量企业的业绩。我们没有选取后者的原因主要是因为中国的股票市场发展极其不成熟，其股价变化基本上不反映一个企业的盈利能力。本章选取以下变量来进行回归分析：银行行长报酬（当年的银行行长现金报酬 CEO_t 和上一年的银行行长报酬 CEO_{t-1}、银行行长是否持股（CEOShare）（作为虚拟变量，持股取值 1，否则取值 0）、董事薪酬平均年薪报酬（Board）（薪酬最高的前三名的平均值，下同）、管理层平均年薪报酬（Manage）、员工报酬（Staff）、公司成长性（Growth）及银行总资产（Size）。回归模型如下：

$$ROE = CEO_t + CEO_{t-1} + CEOShare + Board + Manage + Staff + Growth + Size + \varepsilon$$

表 11-7 显示了主要研究变量的 Pearson 相关系数，从表中可以看出，银行绩效与银行行长持股显著负相关，与银行的成长性显著正相关；银行行长薪酬与董事薪酬、员工薪酬及管理层薪酬显著正相关；管理层薪酬与董事薪酬正相关；员工薪酬与董事薪酬和管理层薪酬正相关。

表 11-7 Pearson 相关系数

	ROE	CEO_t	CEO_{t-1}	CEOShare	Size	Growth	Board	Manage
CEO_t	0.156							
CEO_{t-1}	0.162	0.628**						
CEOShare	-0.284*	-0.236	-0.265					
Size	0.055	-0.129	-0.083	-0.674**				
Growth	0.405*	0.169	0.081	-0.100	-0.127			
Board	0.029	0.774**	0.413*	-0.195	-0.132	0.339*		
Manage	-0.041	0.539**	0.608**	-0.229	-0.066	0.315	0.629*	
Staff	0.299	0.448**	0.371*	-0.205	-0.085	0.323	0.406*	0.527*

注：* $P<0.05$（双尾检验）；** $P<0.01$（双尾检验）。

表 11-8 薪酬激励与银行绩效的线性回归

	模型 5	模型 6	模型 7	模型 8	模型 9	模型 10
因变量	ROE	ROE	ROE	ROE	ROE	ROE
自变量	CEO_t	CEO_t + CEOShare	CEO_{t-1} + CEO_t + CEOShare	Manage	Board	Staff
t	1.996	1.221 -1.006	1.208 -0.062 0.055	0.030	1.010	2.307
Sig.	0.056	0.229 0.320	0.237 0.951 0.957	0.976	0.318	0.026
b0	-0.582	-0.279	-0.716	-0.113	0.090	-0.351
b1	0.362	0.255 -0.352	0.428 -0.023 0.025	0.003	0.052	0.123
R2	0.867	0.867	0.886	0.855	0.858	0.871
F	54.273	46.677	35.002	49.064	50.397	56.021
样本数	50	50	36	50	50	50

注：①b_0、b_1 分别表示常数项和解释变量的回归系数，由于篇幅有限故没有列出控制变量的回归系数。②回归分析时对 CEO、CEO_{t-1}、Manage、Staff 及控制变量公司规模的数值均做过对数处理。

为避免多重共线，我们建立了 6 个不同的模型来检验上市银行薪酬激励与绩效的关系，其结果如表 11-8 所示。从模型 5、模型 6 和模型 7 的拟合结果可以看出，上市银行 CEO 的当年和上一年的薪酬及股权激励都与上市银行绩效不存在显著的正相关关系。股权激励对银行绩效没有相关关系的原因可能与前面提到的当前上市银行股权激励过低有关，过低的持股比例，根本无法把高级管理人员的利益与公司（股东）的利益紧紧地捆在一起。从模型 8 和模型 9 的回归结果可以看出，董事会和管理层的薪酬激励与银行经营绩效也不存在显著的相关关系。分析原因，可能是由于：第一，我国上市银行的薪酬制定制度还不是很完善，很多银行高级管理人员的薪酬都是固定的年薪制，并且与银行业绩关系不大；在银行业绩好的时候，银行行长薪酬还能因此得到增加；在银行业绩差的时候，行长薪酬也不会因此下降。并且我国上市银行高级管理人员权力过大，存在自己为自己制定待遇水平的可能性。第二，非货币收益提供了足够的激励。在实证研究中并没有考虑高管的灰色收入，银行高管人员大多另有行政级别。1997 年的一份调查结果表明，高达 32.6%的股份公司经营者表示对其经济地位并不看重，他们更在乎的是职位等级和行政等级。模型 10 的实证分析结果表明上市银行员工薪酬与净资产收益率显著正相关，说明上市银行已经初步建立了员工薪酬与银行业绩挂钩的薪酬激励机制。

第六节　本章小结

国内上市银行与一般企业在许多方面存在差异，比如高负债、股权分散、严格监管等，因此简单套用以往的治理结论有失偏颇。本章在结合银行业自身特性的基础上，通过对银行 CEO 薪酬的影响因素研究及银行内部薪酬结构合理性的实证研究发现：银行业绩对高管薪酬有显著的影响，而且银行净利润增长率越高，银行 CEO 的薪酬就越高。

通过引入制造业和垄断行业与上市银行做对比分析发现，上市银行的薪酬相对于制造业和垄断业更具有合理性，相对于企业绩效来说，更符合公司发展的需要。对于企业规模的调节变量而言，调节变量对银行内部薪酬差距与上市银行当期及未来绩效关系具有调节效应，企业规模越大，银行内部的薪酬差距的增加对绩效正向的显著影响越明显。实证结果表明，银行行长和管理层的薪酬差距支持锦标赛理论，而银行行长和董事的薪酬差距支持行为理论。

本章最后一部分探讨了上市银行 CEO 薪酬对银行绩效的影响，研究结果表明，上市银行 CEO 当年和上一年的薪酬及股权激励都与上市银行经营绩效不存在显著的正相关关系。并且中国商业银行的薪酬形式单一，基本上只有注重短期激励效应的现金薪酬，而缺乏注重长期激励效应的限制性股份和股份期权等薪酬形式，不利于银行的长远发展。

中国的银行公司治理正处于从行政型治理向经济型治理的转轨过程中，特别是目前中国银行公司已初步完成股份制改革的情况下，在将来的改革中应建立起综合考虑市场竞争因素和业绩因素的薪酬水平，而且应调整薪酬结构，注重长期激励，更加注重银行内部和外部的监督机制。特别是近来上市银行高管的“天价薪酬”备受争议，我国银行的相关监督部门对金融行业高管薪酬的限制越来越严格。财政部 2009 年明确要求金融企业负责人总薪酬不应高于 280 万元，2008 年业绩下降的国有金融机构，高管人员薪酬再下调 10%。2010 年 3 月，银监会正式下发《商业银行稳健薪酬监管指引》，规定商业银行主要负责人绩效薪酬不得超过其基本薪酬的 3 倍，且高管绩效薪酬的 40%以上应采取延期支付的方式，且期限不少于 3 年。因此银行薪酬水平的确定必须综合考虑市场竞争因素和业绩因素。这一方面有利于吸引和留住好的经营人才，另一方面对于变灰色收入为公开收入，平衡收入攀比心理，调动员工的工作积极性和创造性，抑制其犯罪动机具有积极作用。并且，薪酬水平必须与业绩紧密挂钩，注重提高人力资本成本使用效率。只有银行业绩的提高，才真正地为员工和高管人员的薪酬水平进一步提高创造了条件。

第十二章　研究结论、建议及展望

第一节　主要研究结论

本书对我国上市银行股权结构、董事会、引入境外战略投资者、上市银行信息披露、上市银行董事会独立性、高管薪酬、独立董事与公司治理绩效等问题进行了深入研究，主要研究结论如下：

（1）公司治理的若干重要因素对上市银行绩效的影响。国内上市银行与一般企业在许多方面存在差异，简单套用以往的治理结论有失偏颇。本书在结合银行业自身特点的基础上，实证分析了我国上市银行股权结构与公司治理绩效的关系。研究发现，第一大股东持股比例、控制能力以及股权集中度对银行绩效有显著的负面影响；引入境外战略投资者和银行实际控制人性质对公司治理绩效有一定的促进作用。这说明，银行公司治理结构与绩效密切相关。要提高我国银行绩效，就应该提高我国银行业的公司股权结构治理水平，即减少大股东的持股比例，降低股权集中度，适当增加境外战略投资者的持股比例以及淡化国有控股。研究结果还显示，董事会规模对绩效有一定负面影响；独立董事占董事会的比例以及银行两职分离情况对绩效有一定的正面影响，但效果不是很显著；资产规模、网点数以及资本充足率对银行绩效有比较显著的影响。此外，研究还发现，资产收益率、独立董事占董事会比例与股权集中度呈相反方向变化。

（2）引入战略投资者对我国银行业的治理绩效有重要的正面影响。本书在对相关文献进行综述的基础上，结合银行业的行业特征，比较分析和实证研究了 FSI 参与中国 LBs 治理前后对 LBs 基本特征的影响。研究发现，我国 LBs 引入 FSI 后在其银行基本特征方面较引入前有显著差异，引入 FSI 后在公司治理、安全性、盈利性等特征方面基本均符合理论预期，成长性有些偏差，我们认为这是 LBs 引入 FSI 必然经历的一个过程。研究结果表明，近年来随着金融业的逐步开放及引入，FSI 能客观上改善 LBs 的公司治理机制。上市银行业绩的改善说明引入境外战略投资者的银行在一定程度上复制了境外战略投资者成熟的公司治理结构、先进的经营理念和风险控制技术，达到了引进 FSI 的最初目的。另外，关于成长性的研究发现，FSI 入股我国 LBs 并没有提高主营业务收入增加率和资本积累率，因此，上市银行应当在引进外资的同时，要更加注重自身的成长性，特别是在如何提高主营业务收入增加率和资本积累率方面。防止 LBs 的成长过度依赖每股净资产，进而依赖 FSI。

（3）我国上市银行信息披露的质量与银行治理绩效有直接的正面影响，信息披露的质量与诸多因素有关系。本书在理论分析的基础上，实证分析了我国上市银行信息披露与公司治理绩效之间的关系，研究结果显示：①信息披露质量越好，越有利于银行绩效的提高；②一般公司治理的研究结论不适用于金融行业，特别是银行业；③中国的银行内部控制机制对会计信息披露质量的影响较小，仅发现两职分离的领导权结构以及分散的股权结构能够提高会计信息披露质量，没有发现董事会、债权人以及经理人激励合约等治理机制对会计信息披露质量的影响；④银行外部控制机制对会计信息披露质量的影响显著；⑤对于内部治理结构不完善的中国上市银行，产品市场的激烈竞争会进一步降低内部控制机制对会计信息披露质量的提高。

（4）我国上市银行董事会独立性对于银行治理绩效有正面的积极影响。本书在结合银行业自身特点的基础上，实证分析了我国上市银行董事会独立性与经营绩效的关系。研究发现：①董事会独立性对银行绩效虽有一定的促进作用，但影响不明显；②银行绩效的提升除了改善治理结构外，增加网点数量扩大市场份额也有重要作用；③股权结构的制衡能力和银行实际控制人性质能使银行董事会更加独立。

（5）本书在充分考虑银行业治理特殊性的基础上，实证考察了中国上市银行董事会治理与绩效间的关系。以往的治理研究大多不将银行业单独考虑，忽略了银行业在治理方面众多的特殊性。因此，银行治理不能简单套用一般企业的治理结论。研究表明，银行股权结构制衡能力较好，银行董事会监督能力有所弱化，而董事会规模和董事会会议频率与银行业绩成反比关系。独立董事对银行的绩效有微弱促进作用，银行两职分离情况对绩效影响不明显。

（6）本书通过建立一系列模型实证考察独立董事在银行中的运行效率。研究证实，由于银行股权制衡能力比较强，独立董事的监督职能弱化，但是银行独立董事由于其专业背景以及广泛的社会关系，能够提高董事会决策效率，促进银行业绩的提升。研究还发现，独立董事的作用是有滞后的。当期的独立董事能够明显促进银行下一期的绩效。因此，研究认为，独立董事在国内上市银行中的运行具有效率，能够促进银行的进一步发展。

（7）以往的研究集中于经营者薪酬与公司经营绩效之间的关系，主要集中于讨论高管人员的薪酬水平。本书不仅研究了银行高管薪酬的影响因素，还从中国上市银行内部薪酬差距的角度出发，依据锦标赛理论和行为理论，探讨了银行内部薪酬差距与银行绩效之间的相关关系。研究发现，中国上市银行的薪酬结构具有一定的合理性。另外，通过对银行行长与银行绩效的回归分析发现，银行行长薪酬与银行绩效的联系程度还不够紧密，需要在以后的薪酬制度改革中进一步加强。

第二节　完善我国商业银行公司治理的建议

通过对我国上市银行公司治理问题的研究发现，对于我国商业银行来说，只有董事会、经理层的激励约束机制和信息披露等得到改善和完善，才能建立起有效的公司治理结构，增强竞争力。本书针对我国上市银行公司治理存在的问题，提出如下建议。

一、建立多元化的所有权结构

国有商业银行与股份制商业银行具有不同的产权特征，在股权结构的优化上也应采取不同的措施。对国有银行而言，应该优化国有商业银行所有权结构。国有商业银行进行股份制改造，分散其所有权，关键在于制度创新，核心是实现产权主体多元化，从而形成有一定刚性约束的资本经营机制。国有商业银行应建立以法人持股或法人相互持股为主体，以分散的个人和机构投资者、专业投资基金以及少数外资持股为补充的多元化股权结构。对非国有银行来说，应该培育多种形式的持股主体，促进股份制商业银行股权结构合理化。公开上市可以促进商业银行股权结构合理化，使各方参与主体都能对经营决策进行权衡和选择，对企业的经营层起到制约作用。商业银行上市后，由于股权社会化，有助于商业银行借助外部力量，推动法人治理结构的完善。随着更多的社会股东参与其中，将对公司的经营决策形成更大的制约力量。通过强化信息披露方式，还将进一步促使商业银行的经营管理透明化，受到社会各方监督。

二、搭建风险控制框架，加强监控体系建设

商业银行对国民经济的影响举足轻重，它们不仅是工商企业重要的融资渠道和全社会不可或缺的支付体系，而且还要在特殊的市场条

件下提供信贷和流动性支持。外部治理机制的存在虽然能够缓解商业银行的治理问题，但是，如果付诸实施将产生巨大的治理成本（比如，某些银行破产，进而危及整个银行体系），往往会导致经济体系的不稳定（需要注意的是，这并不是说外部治理的实施并不重要）。因此，应该将完善内部治理作为完善商业银行治理的重点所在，并将在银行内部风险控制委员会（或其他起同样功能作用但具有不同名称的机构）和稽核部门的构建作为内部治理的重点，打造良好的企业风险管理文化。这不但有益于银行自身的发展，而且也对金融体系的稳定乃至国民经济的健康发展意义重大。

三、组建能代表股东及其他利益相关者的董事会

实践和理论都已经表明，银行要实现稳健经营，必须在以股份制形式组建银行的基础上，依据科学的董事选聘机制选聘个人品质、专业能力和冲突回避等方面都合格的董事，建立适应银行经营特点和发展战略的规模适度的董事会。并且要优化董事会成员结构，建立董事会下的各种专门委员会，使得在人格、品质及经济关系等方面都具有真正独立性的外部董事和独立董事在董事会及其专门委员会中居于主导地位。真正授予董事会各项决策及监督制衡的权力，从而使董事会在履行决策和监督职能时，能真正独立于银行高级管理层，使银行经营具有稳健性和可持续发展性。书中关于上市银行的分析也表明，各个银行之间在董事会上存在较大的差距，进一步完善董事会是我国商业银行面临的重要任务。

四、组建高效管理层，完善激励约束机制

在建立了标准的公司治理结构模式之后，要使商业银行管理者按照委托人的目标做出科学的决策，建立银行内部激励约束机制就成为中心问题。科学的激励机制与制衡机制可以维护和促进良好的公司治理，预防诸如代理人道德风险、内部人控制、经营者侵害公司利益以及大股东损害小股东利益等问题。要从根本上改变人事行政化管理，

各级管理人员应按照明确的选拔标准、制度、程序及其规则实行公开竞聘，并赋予竞聘上岗的各级管理者管事权和用人权。还应完善内部授权，依据经营效益、管理水平、客户结构、风险水平等多种因素综合授权，并根据不同情况进行调整，从而建立权限和程序合法有效的经营机制，使人力资本与银行经营资本切实优化配置。通常是通过建立外部经理市场，运用股东的激励与制衡、证券市场的激励与制衡机制等途径维护公司治理结构。代理权竞争、股权激励作为公司治理结构中约束与激励机制设计，也应成为完善我国商业银行公司治理结构中不可或缺的制度安排。

五、完善银行业信息披露准则

信息披露制度决定了银行的透明度，对整个银行体系的安全和稳定都有重要影响。商业银行的委托代理链条比较长，委托代理关系复杂使银行的透明度受到严重削弱，而完善的信息披露则可以缓解这个问题。最大化的信息披露是美国 SEC 的监管思想，现在已获得普遍接受，巴塞尔委员会（BCBS）的《有效银行监管的核心原则》（1997 年 9 月）和《增强银行透明度》（1998 年 8 月）对此都十分强调。中国人民银行也发布了《商业银行信息披露暂行办法》，对商业银行信息披露提出了明确和规范化的要求。这些事实证明，信息披露是公司治理的决定性因素之一，因此，国有商业银行不但有责任而且也有必要加强信息披露。对银行建立信息披露制度的要求，能保证公司经营活动的透明度，进而维护投资者及公司利益相关者利益，使银行获得广泛的社会监督。需要说明的是，信息披露并不仅限于银行的财务信息，更重要的是公司治理结构状况、经营状况、所有权状况、管理层的激励和约束方式、财务会计状况、风险状况等信息以及各部门的职能、目标、原则、重大措施和执行结果等非财务信息的披露。及时、完整、真实的信息披露是改善银行公司治理的必备条件。

六、健全外部治理机制

商业银行公司治理结构的健全和完善仅靠银行自身努力是不够的，还需要中央银行监管、法律环境、金融市场等多种因素的配合。

（1）完善相关法律制度。对商业银行进行严格的法律约束，就要加强银行监管立法工作，清理现有的银行监管规章和业务制度，修订并完善国有商业银行的监管规章，增强银行监管的系统性和连续性，促进国有商业银行稳健经营。应允许商业银行与其分支机构或对附属部分建立总分公司关系，允许一定限度内的综合经营，准许企业与金融机构，以及金融机构之间的相互投资、参股和控股等。

（2）将公司治理结构引入银监会监管。2003 年，我国成立了中国银行业监督管理委员会，在监管体制上从中央银行独立出来，实现了金融监管与货币政策的分离。银行业监督管理体系的独立旨在严格依法规范金融监管行为，继续推进监管创新，建立健全金融监管协调机制。要完善国有重点银行业金融机构监事会与银监会的沟通协调机制，深化股份制商业银行改革，重点督促各股份制商业银行进一步完善银行章程，明确董事会、监事会和经营管理班子的权责分工，加强内部风险控制，规范金融创新行为，着力解决股份制商业银行内控机制建设滞后于机构与业务发展的问题，促使股份制商业银行进一步完善公司治理机制。

（3）发展资本市场。通过资本市场的并购和控制，使商业银行公司治理中的财产权能灵活地进入或退出交易领域，能够强化市场对银行管理的力量和作用。资本市场的约束作用，既体现在投资者“用脚投票”机制上，又体现在存款人向资本市场转移其存款的“用脚投票”机制上，即商业银行的股东可以通过资本市场股权转让方式来解决委托代理关系，存款人也可以根据银行提供的服务和内容质量而有所选择。

（4）培育职业经理人才市场。培育职业经理人才市场是使外部治理机制发挥作用的重要手段。大力发展经理市场，促进银行管理人员之间充分竞争，真正实现银行管理的职业化，对完善商业银行公司治理结构具有深远的影响。为了改变国有银行经理人员聘用、考核激励和约束手段的行政化现状，应当采取积极措施，促进多元化、市场化、规范化的经理人才市场发展，建立客观公正的评价体系，进一步完善市场竞争机制，加强上岗竞争激励制度，逐步实现商业银行人力资源的市场化配置。

第三节　研究局限及未来研究展望

尽管本书对我国上市银行股权结构、信息披露与公司治理绩效等重要问题进行了较为详细的理论和实证方面的努力探索，也提出了一些创新性的观点与方法，并取得了一些有价值的研究成果。但受篇幅、时间以及作者研究水平的限制，仍有许多问题没有展开充分的论述，有的问题还没有进入本书的研究视野，但这并不意味着它们可以被忽视。下面作者就本书存在的局限性以及未来如何深化和扩展这一问题提出几个方面的思路。

第一，本书选用目前沪深两市上市银行的年报资料，其中部分银行是在 2007 年后通过一系列制度创新成为上市银行，新上市银行的业绩容易出现非正常性的波动。而且由于时间的限制，有的上市银行只能选取两年至三年区间，公司治理机制的变化对上市银行的影响可能还没有完全体现出来。对于制度创新带来的长期影响，需要更多的时间才能得到更加稳健和全面的结论。本书基于现有的样本从中总结出一些经验，为即将上市的银行和已经上市的银行未来治理机制的优化提供一些有益的参考。

第二，本书在变量选取上，只选取了与研究关系密切的变量，其他一些也有关系的变量没有考虑其中。例如，在对中国上市银行董事会独立性与公司治理绩效的研究中，只选取了独立董事占董事会的比例、独立董事与行长任期的比值两个变量来反映董事会的独立性，这两个变量的选取带有一定的主观性，可能还有一些因素也影响董事会的独立性，本书没有作进一步的研究，这是本书研究的一个缺陷，也是今后进一步探索的方向。

第三，由于银行业在经济运行中所具有的特殊性，在对其进行分析时是否要更加充分考虑银行业在金融体系中的作用和地位，以及银行业与实体经济的关联性对其自身治理结构的影响，应作为进一步深入研究的内容。

第四，有关银行公司治理的问题，并非上市银行所特有，非上市银行中也大量存在。由于本书的研究对象是我国已上市的银行，所以研究结论反映的仅仅是已经披露了信息的上市银行的基本情况，而对于大量的非上市银行却没有涉及，这也是本书的一大局限性，同时也是将来的一个研究方向。

附录 1：商业银行公司治理指引

（中国银行业监督管理委员会　银监发［2013］34 号
2013 年 7 月 19 日发布）

第一章　总则

第一条　为完善商业银行公司治理，促进商业银行稳健经营和健康发展，保护存款人和其他利益相关者的合法权益，根据《中华人民共和国公司法》（以下简称《公司法》）、《中华人民共和国银行业监督管理法》、《中华人民共和国商业银行法》和其他相关法律法规，制定本指引。

第二条　中华人民共和国境内经银行业监督管理机构批准设立的商业银行适用本指引。

第三条　本指引所称的商业银行公司治理是指股东大会、董事会、监事会、高级管理层、股东及其他利益相关者之间的相互关系，包括组织架构、职责边界、履职要求等治理制衡机制，以及决策、执行、监督、激励约束等治理运行机制。

第四条　商业银行公司治理应当遵循各治理主体独立运作、有效制衡、相互合作、协调运转的原则，建立合理的激励、约束机制，科学、高效地决策、执行和监督。

第五条　商业银行董事会、监事会、高级管理层应当由具备良好专业背景、业务技能、职业操守和从业经验的人员组成，并在以下方面得到充分体现：

（一）确保商业银行依法合规经营；

（二）确保商业银行培育审慎的风险文化；

（三）确保商业银行履行良好的社会责任；

（四）确保商业银行保护金融消费者的合法权益。

第六条 各治理主体及其成员依法享有权利和承担义务，共同维护商业银行整体利益，不得损害商业银行利益或将自身利益置于商业银行利益之上。

第七条 商业银行良好公司治理应当包括但不限于以下内容：

（一）健全的组织架构；

（二）清晰的职责边界；

（三）科学的发展战略、价值准则与良好的社会责任；

（四）有效的风险管理与内部控制；

（五）合理的激励约束机制；

（六）完善的信息披露制度。

第八条 商业银行章程是商业银行公司治理的基本文件，对股东大会、董事会、监事会、高级管理层的组成、职责和议事规则等做出制度安排，并载明有关法律法规要求在章程中明确规定的其他事项。

商业银行应当制定章程并根据自身发展及相关法律法规要求及时修改完善。

第二章 公司治理组织架构

第一节 股东和股东大会

第九条 股东应当依法对商业银行履行诚信义务，确保提交的股东资格资料真实、完整、有效。主要股东应当真实、准确、完整地向董事会披露关联方情况，并承诺当关联关系发生变化时及时向董事会报告。

本指引所称主要股东是指能够直接、间接、共同持有或控制商业银行百分之五以上股份或表决权以及对商业银行决策有重大影响的股东。

第十条 股东特别是主要股东应当严格按照法律法规及商业银行章程行使出资人权利，不得谋取不当利益，不得干预董事会、高级管理层根据章程享有的决策权和管理权，不得越过董事会和高级管理层直接干预商业银行经营管理，不得损害商业银行利益和其他利益相关者的合法权益。

第十一条 股东特别是主要股东应当支持商业银行董事会制定合理的资本规划，使商业银行资本持续满足监管要求。当商业银行资本不能满足监管要求时，应当制定资本补充计划使资本充足率在限期内达到监管要求，并通过增加核心资本等方式补充资本，主要股东不得阻碍其他股东对商业银行补充资本或合格的新股东进入。

第十二条 商业银行应当在章程中规定，主要股东应当以书面形式向商业银行作出资本补充的长期承诺，并作为商业银行资本规划的一部分。

第十三条 股东获得本行授信的条件不得优于其他客户同类授信的条件。

第十四条 商业银行应当制定关联交易管理制度，并在章程中规定以下事项：

（一）商业银行不得接受本行股票为质押权标的。

（二）股东以本行股票为自己或他人担保的，应当严格遵守法律法规和监管部门的要求，并事前告知本行董事会；非上市银行股东特别是主要股东转让本行股份的，应当事前告知本行董事会。

（三）股东在本行借款余额超过其持有经审计的上一年度股权净值，不得将本行股票进行质押。

（四）股东特别是主要股东在本行授信逾期时，应当对其在股东大会和派出董事在董事会上的表决权进行限制。

第十五条 股东应当严格按照法律法规及商业银行章程规定的程序提名董事、监事候选人。

商业银行应当在章程中规定，同一股东及其关联人不得同时提名董事和监事人选；同一股东及其关联人提名的董事（监事）人选已担任董事（监事）职务，在其任职期届满或更换前，该股东不得再提名监事（董事）候选人；同一股东及其关联人提名的董事原则上不得超过董事会成员总数的三分之一。国家另有规定的除外。

第十六条 股东大会依据《公司法》等法律法规和商业银行章程行使职权。

第十七条 股东大会会议包括年度会议和临时会议。

股东大会年会应当由董事会在每一会计年度结束后六个月内召集和召开。因特殊情况需延期召开的，应当向银行业监督管理机构报告，并说明延期召开的事由。

股东大会会议应当实行律师见证制度，并由律师出具法律意见书。法律意见书应当对股东大会召开程序、出席股东大会的股东资格、股东大会决议内容等事项的合法性发表意见。股东大会的会议议程和议案应当由董事会依法、公正、合理地进行安排，确保股东大会能够对每个议案进行充分的讨论。

第十八条 股东大会议事规则由商业银行董事会负责拟定，并经股东大会审议通过后执行。

股东大会议事规则包括会议通知、召开方式、文件准备、表决形式、提案机制、会议记录及其签署、关联股东的回避等。

第二节 董事会

第十九条 董事会对股东大会负责，对商业银行经营和管理承担最终责任。除依据《公司法》等法律法规和商业银行章程履行职责外，还应当重点关注以下事项：

（一）制定商业银行经营发展战略并监督战略实施；

（二）制定商业银行风险容忍度、风险管理和内部控制政策；

（三）制定资本规划，承担资本管理最终责任；

（四）定期评估并完善商业银行公司治理；

（五）负责商业银行信息披露，并对商业银行会计和财务报告的真实性、准确性、完整性和及时性承担最终责任；

（六）监督并确保高级管理层有效履行管理职责；

（七）维护存款人和其他利益相关者合法权益；

（八）建立商业银行与股东特别是主要股东之间利益冲突的识别、审查和管理机制等。

第二十条 商业银行应当根据自身规模和业务状况，确定合理的董事会人数及构成。

第二十一条 董事会由执行董事和非执行董事（含独立董事）组成。

执行董事是指在商业银行担任除董事职务外的其他高级经营管理职务的董事。

非执行董事是指在商业银行不担任经营管理职务的董事。

独立董事是指不在商业银行担任除董事以外的其他职务，并与所聘商业银行及其主要股东不存在任何可能影响其进行独立、客观判断关系的董事。

第二十二条 董事会应当根据商业银行情况单独或合并设立其专门委员会，如战略委员会、审计委员会、风险管理委员会、关联交易控制委员会、提名委员会、薪酬委员会等。

战略委员会主要负责制定商业银行经营管理目标和长期发展战略，监督、检查年度经营计划、投资方案的执行情况。

审计委员会主要负责检查商业银行风险及合规状况、会计政策、财务报告程序和财务状况；负责商业银行年度审计工作，提出外部审计机构的聘请与建议，并就审计后的财务报告信息真实性、准确性、完整性和及时性作出判断性报告，提交董事会审议。

风险管理委员会主要负责监督高级管理层关于信用风险、流动性风险、市场风险、操作风险、合规风险和声誉风险等风险的控制情况，对商业银行风险政策、管理状况及风险承受能力进行定期评估，提出完善商业银行风险管理和内部控制的意见。

关联交易控制委员会主要负责关联交易的管理、审查和批准，控制关联交易风险。

提名委员会主要负责拟定董事和高级管理层成员的选任程序和标准，对董事和高级管理层成员的任职资格进行初步审核，并向董事会提出建议。

薪酬委员会主要负责审议全行薪酬管理制度和政策，拟定董事和高级管理层成员的薪酬方案，向董事会提出薪酬方案建议，并监督方案实施。

第二十三条 董事会专门委员会向董事会提供专业意见或根据董事会授权就专业事项进行决策。

各相关专门委员会应当定期与高级管理层及部门交流商业银行经营和风险状况，并提出意见和建议。

第二十四条 各专门委员会成员应当是具有与专门委员会职责相适应的专业知识和工作经验的董事。各专门委员会负责人原则上不宜兼任。

审计委员会、关联交易控制委员会、提名委员会、薪酬委员会原则上应当由独立董事担任负责人，其中审计委员会、关联交易控制委员会中独立董事应当占适当比例。

审计委员会成员应当具有财务、审计和会计等某一方面的专业知识和工作经验。风险管理委员会负责人应当具有对各类风险进行判断与管理的经验。

第二十五条 董事会设董事长一人，可以设副董事长。董事长和副董事长由董事会以全体董事的过半数选举产生。商业银行董事长和行长应当分设。

第二十六条 董事会例会每季度至少应当召开一次。董事会临时会议的召开程序由商业银行章程规定。

第二十七条 董事会应当制定内容完备的董事会议事规则并在章程中予以明确，包括会议通知、召开方式、文件准备、表决形式、提案机制、会议记录及其签署、董事会授权规则等，并报股东大会审议通过。

董事会议事规则中应当包括各项议案的提案机制和程序，明确各治理主体在提案中的权利和义务。在会议记录中明确记载各项议案的提案方。

第二十八条 董事会各专门委员会议事规则和工作程序由董事会制定。各专门委员会应当制定年度工作计划并定期召开会议。

第二十九条 董事会会议应当有商业银行全体董事过半数出席方可举行。董事会作出决议，必须经商业银行全体董事过半数通过。

董事会会议可以采用会议表决（包括视频会议）和通信表决两种表决方式，实行一人一票。采用通信表决形式的，至少在表决前三日内应当将通信表决事项及相关背景资料送达全体董事。

商业银行章程或董事会议事规则应当对董事会采取通信表决的条件和程序进行规定。董事会会议采取通信表决方式时应当说明理由。

商业银行章程应当规定，利润分配方案、重大投资、重大资产处置方案、聘任或解聘高级管理人员、资本补充方案、重大股权变动以及财务重组等重大事项不得采取通信表决方式，应当由董事会三分之二以上董事通过方可有效。

第三十条 董事会召开董事会会议，应当事先通知监事会派员列席。

董事会在履行职责时，应当充分考虑外部审计机构的意见。

第三十一条 银行业监督管理机构对商业银行的监管意见及商业银行整改情况应当在董事会上予以通报。

第三节 监事会

第三十二条 监事会是商业银行的内部监督机构，对股东大会负责，除依据《公司法》等法律法规和商业银行章程履行职责外，还应当重点关注以下事项：

（一）监督董事会确立稳健的经营理念、价值准则和制定符合本行实际的发展战略；

（二）定期对董事会制定的发展战略的科学性、合理性和有效性进行评估，形成评估报告；

（三）对本行经营决策、风险管理和内部控制等进行监督检查并督促整改；

（四）对董事的选聘程序进行监督；

（五）对董事、监事和高级管理人员履职情况进行综合评价；

（六）对全行薪酬管理制度和政策及高级管理人员薪酬方案的科学性、合理性进行监督；

（七）定期与银行业监督管理机构沟通商业银行情况等。

第三十三条 监事会由职工代表出任的监事、股东大会选举的外部监事和股东监事组成。

外部监事与商业银行及其主要股东之间不得存在影响其独立判断的关系。

第三十四条 监事会可根据情况设立提名委员会和监督委员会。

提名委员会负责拟订监事的选任程序和标准，对监事候选人的任职资格进行初步审核，并向监事会提出建议；对董事的选聘程序进行监督；对董事、监事和高级管理人员履职情况进行综合评价并向监事会报告；对全行薪酬管理制度和政策及高级管理人员薪酬方案的科学性、合理性进行监督。

提名委员会原则上应当由外部监事担任负责人。

监督委员会负责拟订对本行财务活动的监督方案并实施相关检查，监督董事会确立稳健的经营理念、价值准则和制定符合本行实际的发展战略，对本行经营决策、风险管理和内部控制等进行监督检查。

第三十五条 监事长（监事会主席）应当由专职人员担任，且至少应当具有财务、审计、金融、法律等某一方面专业知识和工作经验。

第三十六条 监事会应当制定内容完备的监事会议事规则并在章程中予以明确，包括会议通知、召开方式、文件准备、表决形式、提案机制、会议记录及其签署等。监事会例会每季度至少应当召开一次。监事会临时会议召开程序由商业银行章程规定。

第三十七条 监事会在履职过程中有权要求董事会和高级管理层提供信息披露、审计等方面的必要信息。监事会认为必要时，可以指派监事列席高级管理层会议。

第三十八条 监事会可以独立聘请外部机构就相关工作提供专业协助。

第四节 高级管理层

第三十九条 高级管理层由商业银行总行行长、副行长、财务负责人及监管部门认定的其他高级管理人员组成。

第四十条 高级管理层根据商业银行章程及董事会授权开展经营管理活动，确保银行经营与董事会所制定批准的发展战略、风险偏好及其他各项政策相一致。

高级管理层对董事会负责，同时接受监事会监督。高级管理层依法在其职权范围内的经营管理活动不受干预。

第四十一条 高级管理层应当建立向董事会及其专门委员会、监事会及其专门委员会的信息报告制度，明确报告信息的种类、内容、时间和方式等，确保董事、监事能够及时、准确地获取各类信息。

第四十二条 高级管理层应当建立和完善各项会议制度，并制定相应议事规则。

第四十三条 行长依照法律、法规、商业银行章程及董事会授权，行使有关职权。

第三章 董事、监事、高级管理人员

第一节 董事

第四十四条 商业银行应当制定规范、公开的董事选任程序，经股东大会批准后实施。

第四十五条 商业银行应当在章程中规定，董事提名及选举的一般程序为：

（一）在商业银行章程规定的董事会人数范围内，按照拟选任人数，可以由董事会提名委员会提出董事候选人名单；单独或者合计持有商业银行发行的有表决权股份总数百分之三以上股东亦可以向董事会提出董事候选人。

（二）董事会提名委员会对董事候选人的任职资格和条件进行初步审核，合格人选提交董事会审议；经董事会审议通过后，以书面提案方式向股东大会提出董事候选人。

（三）董事候选人应当在股东大会召开之前作出书面承诺，同意接受提名，承诺公开披露的资料真实、完整并保证当选后切实履行董事义务。

（四）董事会应当在股东大会召开前依照法律法规和商业银行章程规定向股东披露董事候选人详细资料，保证股东在投票时对候选人有足够的了解。

（五）股东大会对每位董事候选人逐一进行表决。

（六）遇有临时增补董事，由董事会提名委员会或符合提名条件的股东提出并提交董事会审议，股东大会予以选举或更换。

第四十六条 独立董事提名及选举程序应当遵循以下原则：

（一）商业银行应当在章程中规定，董事会提名委员会、单独或者合计持有商业银行发行的有表决权股份总数百分之一以上股东可以向董事会提出独立董事候选人，已经提名董事的股东不得再提名独立董事；

（二）被提名的独立董事候选人应当由董事会提名委员会进行资质审查，审查重点包括独立性、专业知识、经验和能力等；

（三）独立董事的选聘应当主要遵循市场原则。

第四十七条 董事应当符合银行业监督管理机构规定的任职条件，并应当通过银行业监督管理机构的任职资格审查。董事任期由商业银行章程规定，但每届任期不得超过三年。董事任期届满，连选可以连任。独立董事在同一家商业银行任职时间累计不得超过六年。

董事任期届满未及时改选，或者董事在任期内辞职影响银行正常经营或导致董事会成员低于法定人数的，在改选出的董事就任前，原董事仍应当依照法律法规的规定，履行董事职责。

第四十八条 董事依法有权了解商业银行的各项业务经营情况和财务状况，并对其他董事和高级管理层成员履行职责情况实施监督。

第四十九条 董事对商业银行负有忠实和勤勉义务。

董事应当按照相关法律法规及商业银行章程的要求，认真履行职责。

第五十条 商业银行应当在章程中规定，独立董事不得在超过两家商业银行同时任职。

第五十一条 董事应当投入足够的时间履行职责，每年至少亲自出席三分之二以上的董事会会议；

因故不能出席的，可以书面委托同类别其他董事代为出席。董事在董事会会议上应当独立、专业、客观地发表意见。

第五十二条 董事个人直接或者间接与商业银行已有或者计划中的合同、交易、安排有关联关系时，应当将关联关系的性质和程度及时告知董事会关联交易控制委员会，并在审议相关事项时做必要的回避。

第五十三条 非执行董事应当依法合规地积极履行股东与商业银行之间的沟通职责，重点关注股东与商业银行关联交易情况并支持商业银行制定资本补充规划。

第五十四条 独立董事履行职责时应当独立对董事会审议事项发表客观、公正的意见，并重点关注以下事项：

（一）重大关联交易的合法性和公允性；

（二）利润分配方案；

（三）高级管理人员的聘任和解聘；

（四）可能造成商业银行重大损失的事项；

（五）可能损害存款人、中小股东和其他利益相关者合法权益的事项；

（六）外部审计师的聘任等。

第五十五条 商业银行应当在章程中规定，独立董事每年在商业银行工作的时间不得少于十五个工作日。

担任审计委员会、关联交易控制委员会及风险管理委员会负责人的董事每年在商业银行工作的时间不得少于二十五个工作日。

第五十六条 董事应当按要求参加培训，了解董事的权利和义务，熟悉有关法律法规，掌握应具备的相关知识。

第五十七条 商业银行应当规定董事在商业银行的最低工作时间，并建立董事履职档案，完整记录董事参加董事会会议次数、独立发表意见和建议及被采纳情况等，作为对董事评价的依据。

第二节 监事

第五十八条 监事应当依照法律法规及商业银行章程规定，忠实履行监督职责。

第五十九条 股东监事和外部监事的提名及选举程序参照董事和独立董事的提名及选举程序。股东监事和外部监事由股东大会选举、罢免和更换；职工代表出任的监事由银行职工民主选举、罢免和更换。

第六十条 监事任期每届三年，任期届满，连选可以连任。外部监事在同一家商业银行的任职时间累计不得超过六年。

第六十一条 监事应当积极参加监事会组织的监督检查活动，有权依法进行独立调查、取证，实事求是提出问题和监督意见。

第六十二条 监事连续两次未能亲自出席，也不委托其他监事代为出席监事会会议，或每年未能亲自出席至少三分之二的监事会会议的，视为不能履职，监事会应当建议股东大会或股东会、职工代表大会等予以罢免。

股东监事和外部监事每年在商业银行工作的时间不得少于十五个工作日。

职工监事享有参与制定涉及员工切身利益的规章制度的权利，并应当积极参与制度执行情况的监督检查。

第六十三条 监事可以列席董事会会议，对董事会决议事项提出质询或者建议，但不享有表决权。列席董事会会议的监事应当将会议情况报告监事会。

第六十四条 监事的薪酬应当由股东大会审议确定，董事会不得干预监事薪酬标准。

第三节 高级管理人员

第六十五条 高级管理人员应当通过银行业监督管理机构的任职资格审查。

第六十六条 高级管理人员应当遵循诚信原则，审慎、勤勉地履行职责，不得为自己或他人谋取属于本行的商业机会，不得接受与本行交易有关的利益。

第六十七条 高级管理人员应当按照董事会要求，及时、准确、完整地向董事会报告有关本行经营业绩、重要合同、财务状况、风险状况和经营前景等情况。

第六十八条 高级管理人员应当接受监事会监督，定期向监事会提供有关本行经营业绩、重要合同、财务状况、风险状况和经营前景等情况，不得阻挠、妨碍监事会依照职权进行的检查、监督等活动。

第六十九条 高级管理人员对董事会违反规定干预经营管理活动的行为，有权请求监事会提出异议，并向银行业监督管理机构报告。

第四章 发展战略、价值准则和社会责任

第七十条 商业银行应当兼顾股东、存款人和其他利益相关者合法权益，制定清晰的发展战略和良好的价值准则，并确保在全行得到有效贯彻。

第七十一条 商业银行发展战略应当重点涵盖中长期发展规划、战略目标、经营理念、市场定位、资本管理和风险管理等方面的内容。

商业银行在关注总体发展战略基础上，应重点关注人才战略和信息科技战略等配套战略。

第七十二条 商业银行发展战略由董事会负责制定并向股东大会

报告。董事会在制定发展战略时应当充分考虑商业银行所处的宏观经济形势、市场环境、风险承受能力和自身比较优势等因素，明确市场定位，突出差异化和特色化，不断提高商业银行核心竞争力。

第七十三条 董事会在制定资本管理战略时应当充分考虑商业银行风险及其发展趋势、风险管理水平及承受能力、资本结构、资本质量、资本补充渠道以及长期补充资本的能力等因素，并督促高级管理层具体执行。

第七十四条 商业银行应当制定中长期信息科技战略，建立健全组织架构和技术成熟、运行安全稳定、应用丰富灵活、管理科学高效的信息科技体系，确保信息科技建设对商业银行经营和风险管控的有效支持。

第七十五条 商业银行应当建立健全人才招聘、培养、评估、激励、使用和规划的科学机制，逐步实现人力资源配置市场化，推动商业银行实现可持续发展。

第七十六条 商业银行董事会应当定期对发展战略进行评估与审议，确保商业银行发展战略与经营情况和市场环境变化相适应。

监事会应当对商业银行发展战略的制定与实施进行监督。

高级管理层应当在商业银行发展战略框架下制定科学合理的年度经营管理目标与计划。

第七十七条 商业银行应当树立具有社会责任感的价值准则、企业文化和经营理念，以此激励全体员工更好地履职。

第七十八条 商业银行董事会负责制定董事会自身和高级管理层应当遵循的职业规范与价值准则。

高级管理层负责制定全行各部门管理人员和业务人员的职业规范，明确具体的问责条款，建立相应处理机制。

第七十九条 商业银行应当鼓励员工通过合法渠道对有关违法、违规和违反职业道德的行为予以报告，并充分保护员工合法权益。

第八十条 商业银行应当在经济、环境和社会公益事业等方面履行社会责任，并在制定发展战略时予以体现，同时定期向公众披露社会责任报告。

商业银行应当保护和节约资源，促进社会可持续发展。

第八十一条 商业银行应当遵守公平、安全、有序的行业竞争秩序，提升专业化经营水平，不断改进金融服务，保护金融消费者合法权益，持续为股东、员工、客户和社会公众创造价值。

第五章 风险管理与内部控制

第一节 风险管理

第八十二条 商业银行董事会对银行风险管理承担最终责任。

商业银行董事会应当根据银行风险状况、发展规模和速度，建立全面的风险管理战略、政策和程序，判断银行面临的主要风险，确定适当的风险容忍度和风险偏好，督促高级管理层有效地识别、计量、监测、控制并及时处置商业银行面临的各种风险。

第八十三条 商业银行董事会及其风险管理委员会应当定期听取高级管理层关于商业银行风险状况的专题报告，对商业银行风险水平、风险管理状况、风险承受能力进行评估，并提出全面风险管理意见。

第八十四条 商业银行应当建立独立的风险管理部门，并确保该部门具备足够的职权、资源以及与董事会进行直接沟通的渠道。

商业银行应当在人员数量和资质、薪酬和其他激励政策、信息科技系统访问权限、专门的信息系统建设以及商业银行内部信息渠道等方面给予风险管理部门足够的支持。

第八十五条 商业银行风险管理部门应当承担但不限于以下职责：

（一）对各项业务及各类风险进行持续、统一的监测、分析与报告；

（二）持续监控风险并测算与风险相关的资本需求，及时向高级管理层和董事会报告；

（三）了解银行股东特别是主要股东的风险状况、集团架构对商业银行风险状况的影响和传导，定期进行压力测试，并制定应急预案；

（四）评估业务和产品创新、进入新市场以及市场环境发生显著变化时，给商业银行带来的风险。

第八十六条 商业银行可以设立独立于操作和经营条线的首席风险官。

首席风险官负责商业银行的全面风险管理，并可以直接向董事会及其风险管理委员会报告。

首席风险官应当具有完整、可靠、独立的信息来源，具备判断商业银行整体风险状况的能力，及时提出改进方案。首席风险官的聘任和解聘由董事会负责并及时向公众披露。

第八十七条 商业银行应当在集团层面和单体层面分别对风险进行持续识别和监控，风险管理的复杂程度应当与自身风险状况变化和外部风险环境改变相一致。

商业银行应当强化并表管理，董事会和高级管理层应当做好商业银行整体及其子公司的全面风险管理的设计和实施工作，指导子公司做好风险管理工作，并在集团内部建立必要的防火墙制度。

第八十八条 商业银行被集团控股或作为子公司时，董事会和高级管理层应当及时提示与要求集团或母公司，在制定全公司全面发展战略和风险政策时充分考虑商业银行的特殊性。

第二节 内部控制

第八十九条 商业银行董事会应当持续关注商业银行内部控制状况，建立良好的内部控制文化，监督高级管理层制定相关政策、程序和措施，对风险进行全过程管理。

第九十条 商业银行应当建立健全内部控制责任制，确保董事会、监事会和高级管理层充分认识自身对内部控制所承担的责任。

董事会、高级管理层对内部控制的有效性分级负责，并对内部控制失效造成的重大损失承担责任。

监事会负责监督董事会、高级管理层完善内部控制体系和制度，履行内部控制监督职责。

第九十一条 商业银行应当有效建立各部门之间的横向信息传递机制，以及董事会、监事会、高级管理层和各职能部门之间的纵向信息传递机制，确保董事会、监事会、高级管理层及时了解银行经营和风险状况，同时确保内部控制政策及信息向相关部门和员工的有效传递与实施。

第九十二条 商业银行应当设立相对独立的内部控制监督与评价部门，该部门应当对内部控制制度建设和执行情况进行有效监督与评价，并可以直接向董事会、监事会和高级管理层报告。

第九十三条 商业银行应当建立独立垂直的内部审计管理体系和与之相适应的内部审计报告制度和报告路线。

商业银行可以设立首席审计官。首席审计官和内部审计部门应当定期向董事会及其审计委员会和监事会报告审计工作情况，及时报送项目审计报告，并通报高级管理层。

首席审计官和审计部门负责人的聘任和解聘应当由董事会负责。

第九十四条 商业银行应当建立外聘审计机构制度。

商业银行应当外聘审计机构进行财务审计，对商业银行的公司治理、内部控制及经营管理状况进行定期评估。商业银行应将相关审计报告和管理建议书及时报送银行业监督管理机构。

第九十五条 董事会、监事会和高级管理层应当有效利用内部审计部门、外部审计机构和内部控制部门的工作成果，及时采取相应纠正措施。

第六章 激励约束机制

第一节 董事和监事履职评价

第九十六条 商业银行应当建立健全对董事和监事的履职评价体系，明确董事和监事的履职标准，建立并完善董事和监事履职与诚信档案。

第九十七条 商业银行对董事和监事的履职评价应当包括董事和监事自评、董事会评价和监事会评价及外部评价等多个维度。

第九十八条 监事会负责对商业银行董事和监事履职的综合评价，向银行业监督管理机构报告最终评价结果并通报股东大会。

第九十九条 董事会、监事会应当分别根据董事和监事的履职情况提出董事和监事合理的薪酬安排并报股东大会审议通过。

第一百条 董事和监事除履职评价的自评环节外，不得参与本人履职评价和薪酬的决定过程。

第一百零一条 董事和监事违反法律法规或者商业银行章程，给商业银行造成损失的，在依照法律法规进行处理的同时，商业银行应当按规定进行问责。

第一百零二条 对于不能按照规定履职的董事和监事，商业银行董事会和监事会应当及时提出处理意见并采取相应措施。

第一百零三条 商业银行进行董事和监事履职评价时，应当充分考虑外部审计机构的意见。

第二节 高级管理人员薪酬机制

第一百零四条 商业银行应当建立与银行发展战略、风险管理、整体效益、岗位职责、社会责任、企业文化相联系的科学合理的高级管理人员薪酬机制。

第一百零五条 商业银行应当建立公正透明的高级管理人员绩效考核标准、程序等激励约束机制。绩效考核的标准应当体现保护存款人和其他利益相关者合法权益的原则，确保银行短期利益与长期发展相一致。

第一百零六条 高级管理人员不得参与本人绩效考核标准和薪酬的决定过程。

第一百零七条 商业银行出现以下情形之一的，应当严格限定高级管理人员绩效考核结果及其薪酬：

（一）主要监管指标没有达到监管要求的；

（二）资产质量或盈利水平明显恶化的；

（三）出现其他重大风险的。

第一百零八条 高级管理人员违反法律、法规或者商业银行章程，给商业银行造成损失的，在依照法律法规进行处理的同时，商业银行应当按规定进行问责。

第三节 员工绩效考核机制

第一百零九条 商业银行的绩效考核机制应当充分体现兼顾收益与风险、长期与短期激励相协调，人才培养和风险控制相适应的原则，并有利于本行战略目标实施和竞争力提升。

第一百一十条 商业银行应当建立科学的绩效考核指标体系，并分解落实到具体部门和岗位，作为绩效薪酬发放的依据。

商业银行绩效考核指标应当包括经济效益指标、风险管理指标和社会责任指标等。

第一百一十一条 商业银行薪酬支付期限应当与相应业务的风险持续时期保持一致，引入绩效薪酬延期支付和追索扣回制度，并提高主要高级管理人员绩效薪酬延期支付比例。

第一百一十二条 商业银行可以根据国家有关规定制定本行中长期激励计划。

第一百一十三条 商业银行内部审计部门应当每年对绩效考核及薪酬机制和执行情况进行专项审计，审计结果向董事会和监事会报告，并报送银行业监督管理机构。

外部审计机构应当将商业银行薪酬制度的设计和执行情况纳入审计范围。

第七章 信息披露

第一百一十四条 商业银行应当建立本行的信息披露管理制度，按照有关法律法规、会计制度和监管规定进行信息披露。

第一百一十五条 商业银行应当遵循真实性、准确性、完整性和及时性原则，规范披露信息，不得存在虚假报告、误导和重大遗漏等。

商业银行的信息披露应当使用通俗易懂的语言。

第一百一十六条 商业银行董事会负责本行的信息披露，信息披露文件包括定期报告、临时报告以及其他相关资料。

第一百一十七条 商业银行年度披露的信息应当包括：基本信息、财务会计报告、风险管理信息、公司治理信息、年度重大事项等。商业银行半年度、季度定期报告应当参照年度报告要求披露。

第一百一十八条 商业银行披露的基本信息应当包括但不限于以下内容：法定名称、注册资本、注册地、成立时间、经营范围、法定代表人、主要股东及其持股情况、客服和投诉电话、各分支机构营业场所等。

第一百一十九条 商业银行披露的财务会计报告由会计报表、会计报表附注等组成。

商业银行披露的年度财务会计报告须经具有相应资质的会计师事务所审计。

第一百二十条 商业银行披露的风险管理信息应当包括但不限于以下内容：

（一）信用风险、流动性风险、市场风险、操作风险、声誉风险和国别风险等各类风险状况；

（二）风险控制情况，包括董事会、高级管理层对风险的监控能力，风险管理的政策和程序，风险计量、监测和管理信息系统，内部控制和全面审计情况等；

（三）采用的风险评估及计量方法。

商业银行应当与外部审计机构就风险管理信息披露的充分性进行讨论。

第一百二十一条 商业银行披露的公司治理信息应当包括：

（一）年度内召开股东大会情况；

（二）董事会构成及其工作情况；

（三）独立董事工作情况；

（四）监事会构成及其工作情况；

（五）外部监事工作情况；

（六）高级管理层构成及其基本情况；

（七）商业银行薪酬制度及当年董事、监事和高级管理人员薪酬；

（八）商业银行部门设置和分支机构设置情况；

（九）银行对本行公司治理的整体评价；

（十）银行业监督管理机构规定的其他信息。

第一百二十二条 商业银行披露的年度重大事项应当包括但不限于以下内容：

（一）最大十名股东及报告期内变动情况；

（二）增加或减少注册资本、分立或合并事项；

（三）其他重要信息。

第一百二十三条 商业银行发生以下事项之一的，应当自事项发生之日起十个工作日内编制临时信息披露报告，并通过公开渠道发布，因特殊原因不能按时披露的，应当提前向银行业监督管理机构提出申请：

（一）控股股东或者实际控制人发生变更的；

（二）更换董事长或者行长的；

（三）当年董事会累计变更人数超过董事会成员人数三分之一的；

（四）商业银行名称、注册资本或者注册地发生变更的；

（五）经营范围发生重大变化的；

（六）合并或分立的；

（七）重大投资、重大资产处置事项；

（八）重大诉讼或者重大仲裁事项；

（九）聘任、更换或者提前解聘会计师事务所的；

（十）银行业监督管理机构规定的其他事项。

第一百二十四条 商业银行应当通过年报、互联网站等方式披露信息，方便股东和其他利益相关者及时获取所披露的信息。上市银行在信息披露方面应同时满足证券监督管理机构的相关规定。

第一百二十五条 商业银行董事、高级管理人员应当对年度报告签署书面确认意见；监事会应当提出书面审核意见，说明报告的编制和审核程序是否符合法律法规和监管规定，报告的内容是否能够真实、准确、完整地反映商业银行的实际情况。董事、监事、高级管理人员对定期报告内容的真实性、准确性、完整性无法保证或者存在异议的，应当陈述理由和发表意见，上市银行应当按照相关规定予以披露。

第一百二十六条 商业银行监事会应当对董事、高级管理人员履行信息披露职责的行为进行监督；关注公司信息披露情况，发现存在违法违规问题的，应当进行调查和提出处理建议，并将相关情况及时向银行业监督管理机构报告。

第八章 监督管理

第一百二十七条 银行业监督管理机构应当将商业银行公司治理纳入法人监管体系中，并根据本指引全面评估商业银行公司治理的健全性和有效性，提出监管意见，督促商业银行持续加以完善。

第一百二十八条 银行业监督管理机构通过非现场监管和现场检查等实施对商业银行公司治理的持续监管，具体方式包括风险提示、现场检查、监管通报、约见会谈、与内外部审计师会谈、任职资格审查和任前谈话、与政府部门及其他监管当局进行协作等。

第一百二十九条 银行业监督管理机构可以派员列席商业银行董事会、监事会和年度经营管理工作会等会议。商业银行召开上述会议时，应当至少提前三个工作日通知银行业监督管理机构。

商业银行应当将股东大会、董事会和监事会的会议记录和决议等文件及时报送银行业监督管理机构备案。

银行业监督管理机构应当对商业银行董事和监事的履职评价进行监督。

第一百三十条 银行业监督管理机构应当就公司治理监督检查评估结果与商业银行董事会、监事会、高级管理层进行充分沟通，并视情况将评价结果在银行董事会、监事会会议上通报。

第一百三十一条 对不能满足本指引及其他相关法律法规关于公司治理要求的商业银行，银行业监督管理机构可以要求其制定整改计划，并视情况采取相应的监管措施。

第九章 附则

第一百三十二条 有限责任公司制商业银行应当参照本指引关于股东大会、监事会和监事的规定在银行章程中对股东会、监事的权利和责任作出规定。

本指引关于董事长、副董事长、董事（包括独立董事）提名和选举的相关规定不适用于独资银行。

第一百三十三条 本指引中“以上”均含本数。

第一百三十四条 中国银行业监督管理委员会负责监管的其他金融机构参照执行本指引，并应当符合本指引所阐述的原则。

第一百三十五条 本指引由中国银行业监督管理委员会负责解释。

第一百三十六条 本指引自发布之日起施行。本指引施行前颁布的《国有商业银行公司治理及相关监管指引》（银监发［2006］22号）、《外资银行法人机构公司治理指引》（银监发［2005］21号）和《中国银监会办公厅关于进一步完善中小商业银行公司治理的指导意见》（银监办发［2009］15号）同时废止，《股份制商业银行公司治理指引》（中国人民银行公告［2002］第15号）不再适用。

附录 2：对我国经济转轨时期银行不良资产产生与解决途径的思考

（此文发表于《中国行政管理》杂志 2008 年第 6 期）

自 20 世纪 80 年代后半期我国由计划经济向市场经济转轨以来，在短短的十几年经济运行中我国四大国有银行（以下简称国有银行）的不良资产经历了快速积累、集中暴露、集中处置几个阶段，其间包括银行自身常规性处置的工作。在国有银行不良资产最高峰的 1999 年之后短短的几年中不良资产率由高到低不断下降。解决国有银行不良资产的主要途径是分次集中处置与日常盘活回收相结合。其间银行不良资产从最高不良率近 40%降到现在仅为 7.8%（2007 年 9 月数据），这一过程总共用了近八九年的时间。从宏观角度研究和总结这一经济现实对于我国以后的改革和发展以及银行管理工作具有十分重要的意义。

一、我国经济转轨时期银行不良资产形成的特点

我国国有银行不良资产形成有其特有的特征：

1. 形成时间集中，积累数额巨大

我国从 1985 年开始对预算内基本建设投资拨款改为贷款，之后逐渐将企业流动资金拨款也改为贷款。随着经济转轨的逐步推进，银行发放贷款的范围逐步扩大，数量增加，在短短几年里，银行贷款成为国家、企业投资建设和日常经营最主要的资金来源。1994 年，四家银

行贷款余额已达 30534 亿元，比 1985 年增加 24646 亿元，年均增长 20%。1998 年，贷款余额更是达到 61300 亿元。

固定资产拨改贷的还款日平均在拨款的 5 年以后，银行对企业其他的贷款也是在 20 世纪 90 年代以后发展起来的。因此，我国银行不良贷款产生的开始时间是在 90 年代初期，之后不断增加，快速积累起来。到 1998 年，我国银行不良贷款率高达 40%。

2. 形成原因复杂，但基本源于经济转轨时期各方面发生的变化

关于形成原因，业界有多种分析，归纳起来，主要有两种观点：

一是构成说。认为不良资产形成是五个方面构成的[①]：各级政府直接的行政命令和行政干预（30%）；地方的行政环境和司法环境（10%）；国家主导产业结构调整，包括主动关、停、并、转一些企业（10%）；支持国企造成的（30%）；银行自身的经营管理问题（20%）。总括起来是：地方行政与司法占 40%；国家主导调整占 10%；支持国企占 30%；银行自身占 20%。

二是时间段说——“三三制”。中国人民银行在 1998 年进行的一次调查，认为不良资产形成过程主要有三个时间段[②]。①20 世纪 80 年代至90 年代初向传统的老工业企业发放的贷款和对盲目重点建设发放贷款所形成的不良贷款约占 1/3；②20 世纪 90 年代初，经济过热时发放的贷款所形成的不良贷款约占 1/3；③20 世纪 90 年代中后期，国家实施企业破产兼并所形成的不良贷款约占 1/3，包括为了支持产业结构调整和体制转轨，在关、停、并、转包括纺织、煤炭、军工、外贸、供销等在内的行业有关企业中，四家银行发放了大量的特定贷款，承担了第二财政职能。其中：由于银行客户宏观经济体制变化等外部原因所形成的不良贷款占全部不良贷款的 80.7%；由于国有商业银行内部管理原因形成的不良贷款占全部不良贷款的 19.3%。以上分析都有一定道理，但是，并不能全面反映不良资产形成原因的全貌。笔者认

① 周小川. 转轨中的风险应对 [M]. 广州：广东经济出版社，2001.

② 国际金融报 [N]. 2004 年 11 月 8 号第二版.

为还是应该在经济转轨时期这个大背景下进行分析，似乎更能揭示问题的本质。

在经济转轨时期［由原有的秩序（计划经济）向另一种秩序（市场经济）转变是一个长期过程，其间是两种状态并存的混合状态］，社会经济的各个方面都在发生变化，特别是从 20 世纪 80 年代后期至今的近 20 年是一个剧烈的转变时期，这种不完善状态必然在银行资产质量上有所反映，由此构成国有银行不良资产成因的三个方面：

（1）制度性不良资产。主要有：

1）国有企业经营方面的原因。在转轨时期，很多国有企业仍然沿用旧的管理制度，因此难以适应市场条件下的竞争环境，生产经营困难，效益低下，银行贷款难以偿还，形成银行不良资产。

2）行政干预下银行被动贷款。在转轨时期，四大银行的管理体制，尤其是干部管理体制从地方管理逐渐过渡到中央直管，直到 1994 年才由总行垂直管理，此后也还保留着浓厚的行政色彩。因此政府对银行的干预机制还在发挥作用，特别是地方政府政绩推动下的投资冲动仍然十分强烈，行政干预下的银行被动贷款还比较严重。

3）国有企业改制形成银行不良资产。在转轨时期，国有企业改制自始至终都是一个主题，其中实行分立破产、重组改制等方式将很多银行贷款甩在外面，由分立出来的经营不善或难以为继的部分承继，形成大量的银行不良资产。

（2）结构性不良资产。所谓结构性不良资产是在转轨时期国家对经济结构进行主动或被动调整所形成的损失转化为银行不良资产。主要有：

1）大小三线的调整。“文革”时期为备战而建设的大小三线项目，随着改革开放、国际环境的变化，以及经济效益的要求，逐步从大山中搬迁出来，当时迁建项目大多缺少资本金且包袱沉重，经营中形成的损失转化为银行不良资产。

2）重点建设中的盲目投资及延迟建成所造成的损失。20 世纪 80 年代后期至 90 年代初期，国家为了解决国民经济中的短缺产品，集中资金进行重点建设，这是国民经济结构调整的重大举措，但是有些项目的确定具有盲目性，包括选址、选项目方面的失误。有些项目建成投产即成为淘汰对象。另外，在执行中由于资金的分散，很多国家重点建设项目资金到位率低，使项目工期拖长，财务成本提高，建成即亏损。由于重点建设主要是由银行提供贷款，由此形成了一批银行不良资产。

3）军工企业搞民品的后遗症。为适应国防战略的调整以及解决民用品生产能力不足，发挥军工企业作用的需要，20 世纪 80 年代中后期及 90 年代前期我国实行了“军民结合，平战结合，军品优先，以军养民”的方针，在一定时期内，这一方针发挥了积极的作用。但是在 90 年代中后期，随着我国市场因素的逐渐增强，民品生产能力大大提高，市场竞争日趋激烈，在这种情况下，由于军工企业的体制因素，适应市场能力明显不足，其民品生产逐渐被市场所淘汰，由此在前期投入的银行贷款形成不良。

4）为大江大河上游水土保持实行了退耕还林，退工造林所造成的损失。20 世纪 90 年代在上述范围内的森工企业、林业企业转型所形成的损失转化为银行不良资产。

5）经济波动造成很多企业在衰退时期无法偿还银行贷款。在经济转轨时期，我国经历了较大的经济波动（1986~1987 年、1990~1992 年的两次快速增长时期以及 1988~1989 年、1992~1999 年的低速增长时期），其间经济波动最大达 10 个百分点。剧烈的经济波动使很多不健康的企业难以承受，在衰退时期形成不良贷款。

（3）银行经营性不良资产。所谓银行经营性不良资产是指银行自身由于经营中存在问题导致出现不良资产。银行也是国有企业，脱离不了国有企业具有的体制缺陷，因此，银行由于自身的原因也导致不良资产的产生。主要有：

1）银行由于内控机制不到位，产生了人情贷款、内部关联贷款、盲目贷款等问题。

2）银行由于管理制度的松弛，致使贷款管理混乱，放贷手续不健全，抵质押担保手续不完善比较普遍。

3）在 20 世纪 90 年代国家实行贷款规模控制的体制下，不少银行为了局部利益，甚至私利而产生的大量账外经营。

4）银行大办自办实体，并向自办实体发放大量贷款。这些贷款大部分形成不良贷款。

以上三类原因造成国有银行不良资产的数量各占多少比例无法做出准确的计算，笔者有一个粗略的判断，大致是四四二的比例。

二、我国银行不良资产的解决途径

到了 20 世纪 90 年代末期，我国银行不良资产已积累到 20000 多亿元，如此大量的不良资产实际上表明我国国有银行早已是破产银行，要不是国家信用的支持，早已关门大吉。外国评论者大都惊呼中国经济处于崩溃边缘。国家从稳定经济发展，改革金融体制出发，在特殊时期采取了特殊手段，大刀阔斧地解决银行不良资产问题，主要采取的措施有：

（1）发行特别国债补充国有银行资本金。1998 年国家定向发行 2700 亿元特别国债补充四大国有银行资本金。

（2）资产剥离。1999 年，国家决定从四大银行及其他银行剥离出不良资产 1.4 万亿元，交由新成立的四个资产管理公司处置。也就是将国家银行的不良资产中的近 60%剥离出来，使银行不良率由 39%降到大约 15%。大大减轻了银行资产质量的压力（但之后由于种种原因银行不良率又大幅上升）。

为了支持国有银行改制上市，2003~2004 年国家对三家银行（中国银行、中国建设银行、中国工商银行）实行二次剥离（市场化剥离 7374 亿元、占 64.3%）以及用资本金和利润核销呆账（4095 亿元、占 35.7%）总计 11469 亿元。

以上二次剥离及用资本金和利润核销呆账共计达 2.5469 万亿元。

（3）债转股。从 2000 年开始，国家对约 500 家的 3585 亿元银行债权实行债转股，减轻企业的财务负担，据测算相当于每年企业免交银行利息 230 亿元。通过债转股，使银行账面不良资产进一步降低（这部分资产虽然不在银行贷款的账面上，但对银行和资产管理公司而言还是不良资产。综合考虑七八年的利息、资金占用费、极少量的分红等因素，处置回收比率还不及本金的一半）。

（4）对企业改制（包括企业兼并、破产、减员增效）所形成的不良资产进行核销处理。据统计，从 1997 年开始的政策性企业兼并、破产、减员增效，银行共核销债权 4509.6 亿元。

（5）银行自身采取多种手段盘活、化解不良资产。各家银行在 1996 年开始先后成立专门管理、盘活、处置不良资产的部门，积极采用上门催讨、法律诉讼，以资抵债、核销、打包处置等多种手段盘活、处置不良资产。据估算，在近 10 年里，四大行自身采取多种手段盘活、处置（包括回收、核销和向上迁徙）不良贷款约 12000 亿元。

粗略的计算，通过以上途径共处置国有银行不良资产超过 4.8 万亿元，其中近 75%是国家采用特殊手段来完成的，另外的 25%是银行运用自身的力量处置盘活的。

三、我国解决银行不良资产途径的经验与反思

从我国转轨时期银行不良资产的形成、积累到成功处置，可以总结出以下经验：

（1）用银行来阶段性承担转轨时期的社会变革成本是一项正确的选择。

不论主动与否，我国转轨时期的社会变革成本大部分是银行阶段性承担的。这种模式的好处在于在没有给当期的国家财政增加负担的情况下，使改革和调整照常进行。这实质上是在国家信用支持下，用银行信用代替国家延迟支付了社会变革的成本。最后当国家财力增强之后，由国家分次集中埋单（实际上大部分也是延迟支付的：用央行票据）。

（2）集中处置（包括剥离、债转股）使银行快速卸掉包袱，成为好银行，并通过改制、引进国外战略投资者实现上市，其价值在资产市场上得以体现，并大大超过国家的前期投入。

四大行中的 3 家银行（工、中、建）在卸掉包袱后进行了股份制改造，引进国外战略投资者，并在境内外上市，其价值在资产市场上得到了体现。经计算，3 家银行在上市之后的几年里，其股市的价值得到了很大的提升，与国家投入的资金相比有了很大的溢价。以中国建设银行为例，国家投入的资金①（包括 1998 年以特别国债形式注资、两次剥离、消化历史包袱、核销）共约 6723 亿元（其中有小部分的重复计算）。按照 2007 年 11 月 20 日 H 股股价 7.44 港元计算，其市值为 17386.46 亿港元，折合人民币 16560.60 亿元（按 100：95.25 计算），其中国有股占 85.11%，市值 14094.73 亿元，相当于国家投入资金的 209.64%，即溢价约 7371 亿元。

建行等 3 家国有大银行的成功上市并且得到市场的认可，充分证明了国家金融改革举措的正确，政策性消化不良资产—改制—引进国外战略投资者—上市，是不可分割的四个环节，缺一不可。其中有人对引进国外战略投资者批评为贱卖国有银行资产，笔者认为是不正确的，做一个简单的比喻：如果将已经成功绕月飞行的嫦娥一号因其有极大的科学考察功能而较在地面上（没有实现上天）价值大大提高比喻为银行上市，那么引进国外战略投资者就如同火箭助推嫦娥一号上天一样重要，不可或缺。

（3）通过国家的集中投入，分次处置国有银行不良资产，使银行在剔除政策性不良资产之后具备了正常经营的能力，使其具有了与国外银行竞争的实力，从而保障了我国金融体制的健康和安全，进而维护了社会的稳定，保证了改革的深入。

（4）集中处置与日常盘活回收相结合，除运用国家的力量外，还

---

① 国家对中国建设银行投入的资金包括：1998 年特别国债 492 亿元；1999 年按账面剥离 2500 亿元；2003 年国家注资 1862.3 亿元（相当于 225 亿美元）；2003 年按账面 50%出售 1289 亿/2=645 亿元；2003 年底为上市集中核销呆账 569 亿元；2003 年底财政弥补累计亏损 655 亿；合计 6723.3 亿元。

发挥了银行自身的作用。前面提到，近10年，银行运用自身的力量处置盘活约占25%，特别是2000年以来，银行处置能力大大提高。说明银行在先后两次剥离后，内部治理结构不断完善，内控机制得到加强，处置不良资产专业水平有了很大提高。

在处置不良资产中也有值得总结的教训：

（1）国家对资产管理公司处置不良资产节奏掌握不好，单纯任务观念，没有达到处置效益最大化。在“不良资产的冰棍效应”及国外投资银行的鼓动下，国家有关部门强化了对资产管理公司处置不良资产的进度要求，使处置的进度与我国资本市场的价格恢复脱节，导致处置价格过低，没有达到处置效益最大化。

（2）在不良资产处置中没有适时强化市场因素，导致银行在不良资产处置中缺乏市场化手段。在国家集中处置不良资产以后，应适时给予银行处置不良资产的自主权，使之按市场化原则及时处置，提高处置效率。目前，多家银行虽然已经上市，但在处置不良资产上仍然有多种限制，这不利于银行按市场规则办事，阻碍银行的商业化发展方向。

参考文献

［1］巴曙松，吕国亮. 股份制改革后国有银行的治理结构缺陷及其国际比较［J］. 管理学报，2005（1）：33-36.

［2］步丹璐，蔡春，叶建明. 高管薪酬公平性问题研究——基于综合理论分析的量化方法思考［J］. 会计研究，2010（5）：39-46.

［3］曹廷求，杨秀丽，孙宇光. 股权结构与公司绩效：度量方法和内生性［J］. 经济研究，2007（10）：126-137.

［4］曹延求，郑录军，于建霞. 政府股东、银行治理与中小商业银行风险控制［J］. 金融研究，2006（6）：56-64.

［5］陈晓，江东. 股权多元化、公司业绩与行业竞争性［J］. 经济研究，2000（8）：28-35.

［6］陈学彬. 中国商业银行薪酬激励机制分析［J］. 金融研究，2005（7）：76-94.

［7］陈宏辉，贾生华. 信息获取、效率替代与董事会职能的改进：一个关于独立董事作用的假说性诠释及其应用［J］. 中国工业经济，2002（2）：79-85.

［8］曾德明，刘妮雅. 战略投资者参与中国上市银行公司治理问题研究［J］. 生产力研究，2008（8）：117-120.

［9］杜兴强. 会计信息的产权问题研究［M］. 大连：东北财经大学出版社，2002.

［10］杜兴强，温日光. 公司治理与会计信息质量：一项经验研究［J］. 财经研究，2007（1）：122-133.

［11］杜莹，刘立国. 股权结构与公司治理效率：中国上市公司的

实证分析［J］. 管理世界，2002（11）：124-133.

［12］丁忠明，胡志强. 中国商业银行董事会治理实证研究［J］. 商业经济与管理，2007（8）：24-29.

［13］高正平，李仪简. 我国商业银行股权结构对银行绩效影响的实证分析［J］. 中央财经大学学报，2010（4）：18-23.

［14］高明华，马守莉. 独立董事制度与公司绩效关系的实证分析［J］. 南开经济研究，2002（2）：64-68.

［15］高明华. 公司治理：理论演进与实证分析——兼论中国公司治理改革［M］. 北京：经济科学出版社，2001.

［16］郭妍，张立光. 外资银行进入对我国银行业影响效应的实证研究［J］. 经济科学，2002（2）：25-32.

［17］郭强，蒋东生. 不完全契约与独立董事作用的本质及有效性分析——从传统法人治理结构的缺陷［J］. 管理世界，2003（2）：78-89.

［18］郭璟，吴宁. 论建立独立董事间接薪酬制度［J］. 管理评论，2004（2）：24-29.

［19］胡鞍钢，胡光宇. 公司治理中外比较［M］. 北京：新华出版社，2004.

［20］胡勤勤，沈艺峰. 独立外部董事能否提高上市公司的经营业绩［J］. 世界经济，2002（7）：55-62.

［21］洪正. 论银行业公司治理的特殊性［J］. 经济评论，2006（6）：125-133.

［22］李克文，郑录军. 高管人员激励机制与商业银行经营绩效［J］. 南开大学学报（哲学社会科学版），2005（1）：71-76.

［23］李巍，刘能华. 我国商业银行战略引资及其帕累托改进［J］. 新金融，2005（2）：17-19.

［24］李石凯. 境外战略投资者对中东欧 8 国银行业转型与发展的影响［J］. 国际金融研究，2006（9）：30-40.

［25］李维安，张国萍. 经理层治理评价指数与相关绩效的实证研究［J］. 经济研究，2005（11）：87-98.

［26］李晓华. 基于投资者利益保护的证券信息披露机制研究［D］. 上海财经大学硕士学位论文，2002.

［27］李远勤，欧阳令南，徐晋. 产品市场竞争与大股东控制下的自愿披露决策［J］. 系统管理学报，2007（1）：61–64.

［28］李维安. 公司治理理论与实务前沿［M］. 北京：中国财政经济出版社，2003.

［29］李维安. 中国公司治理原则与国际比较［M］. 北京：中国财政经济出版社，2001.

［30］李燕萍，贺欢，张海雯. 基于扎根理论的金融国企高管薪酬影响因素研究［J］. 管理学报，2010（10）：1477–1483.

［31］李增泉. 激励机制与企业绩效—— 一项基于上市公司的实证研究［J］. 会计研究，2000（1）：24–30.

［32］李成，秦旭. 银行股权集中度与经营绩效的相关性分析［J］. 金融改革，2008（1）：29–32.

［33］李训，曹国华. 基于公平偏好理论的激励机制研究［J］. 管理工程学报，2008（2）：107–111.

［34］李维安，曹廷求. 商业银行公司治理：理论模式与我国的选择［J］. 南开大学学报，2003（1）：28–35.

［35］李希义，任若恩. 国有商业银行效率变化及趋势分析［J］. 中国软科学，2004（1）：57–61.

［36］李维安，张俊喜. 公司治理前沿［M］. 北京：中国财政经济出版社，2003.

［37］林浚清，黄祖辉，孙永祥. 高管团队内薪酬差距、公司绩效和治理结构［J］. 经济研究，2003（4）：31–40.

［38］刘立国，杜莹. 公司治理与会计信息质量关系的实证研究［J］. 会计研究，2003（2）：28–37.

［39］马连福. 公司内部治理机制研究［M］. 北京：高等教育出版社，2005.

［40］南开大学公司治理研究中心. 公司治理前沿［M］. 北京：中

国财政经济出版社，2003.

[41] 潘敏. 商业银行公司治理：一个基于银行业特征的理论分析 [J]. 金融研究，2006（3）：37–47.

[42] 秦宛顺，欧阳俊. 中国商业银行业市场结构、效率和绩效 [J]. 经济科学，2001（4）：34–45.

[43] 邵平，刘林，孔爱国. 高管薪酬与公司业绩的敏感性因素分析——金融业的证据（2000~2005）[J]. 财经研究，2008（1）：94–105.

[44] 孙永祥，黄祖辉. 上市公司的股权结构与绩效 [J]. 经济研究，1999（12）：23–30.

[45] 孙亦军，兰向明. 中国银行业引进境外战略投资者的绩效分析 [J]. 中南财经政法大学学报，2008（5）：47–52.

[46] 孙永祥. 公司治理结构：理论与实证研究 [M]. 上海：上海三联书店，2002.

[47] 施东辉. 上市公司控制权市场价值的实证研究 [J]. 经济科学，2003（6）：43–48.

[48] 孙月静. 股份制商业银行公司治理绩效的实证分析 [J]. 财经问题研究，2006（3）：29–34.

[49] 宋增基，陈全，张宗益. 上市银行董事会治理与银行绩效 [J]. 金融论坛，2007（5）：35–40.

[50] 宋增基，袁茂. 中国上市银行独立董事制度的运行效率 [J]. 金融论坛，2007（11）：49–54.

[51] 宋增基，徐叶琴，陈科. 引入境外战略投资者前后商业银行公司治理特征比较研究 [J]. 管理评论，2009（4）：26–33.

[52] 宋增基，杨天赋，王戈阳. 银行董事会特征、CEO 报酬与银行绩效——基于对 11 家股份制银行的数据分析 [J]. 金融论坛，2010（6）：36–42.

[53] 王咏梅. 境外战略投资者的价值研究 [J]. 中国软科学，2009（3）：138–143.

[54] 王跃堂，赵子夜，魏晓雁. 董事会的独立性是否影响公司绩

效［J］. 经济研究，2006（5）：62–73.

［55］沃尔特·J.萨蒙等. 公司治理［M］. 北京：中国人民大学出版社，2001.

［56］魏刚. 高级管理层激励与上市公司经营绩效［J］. 经济研究，2000（3）：32 –39.

［57］徐龙华. 央行监管、外部审计与银行公司治理［J］. 武汉金融，2002（1）：25–28.

［58］虞群娥，徐锐. 商业银行公司治理特殊性探析［J］. 上海金融，2007（2）：28–31.

［59］吴志峰. 绩效、控股权与战略投资者：转型经济银行改革的经验［J］. 金融论坛，2006（5）：3–9.

［60］杨德勇，曹永霞. 中国上市银行股权结构与绩效的实证研究［J］. 金融研究，2007（5）：87–97.

［61］杨淑娥，张俊瑞，张晓明. 我国上市公司治理效率研究［J］. 中国软科学，2002（6）：39–42.

［62］易纲，赵先信. 中国的银行竞争：机构扩张、工具创新与产权改革［J］. 经济研究，2001（8）：25–32.

［63］严若森. 论上市公司股权结构与经营绩效的关系［J］. 财经问题研究，2009（6）：80–83.

［64］于东智. 董事会、公司治理与绩效——对中国上市公司的经验分析［J］. 中国社会科学，2003（2）：29–41.

［65］于东智. 董事会与公司治理［M］. 北京：清华大学出版社，2004.

［66］于东智. 商业银行治理：特殊性与改革着力点［J］. 经济理论与经济管理，2004（2）：12–19.

［67］占硕. 我国银行业引进战略投资者风险研究——控制权租金引发的股权转移和效率损失［J］. 财经研究，2005（1）：104–114.

［68］张礼卿. 新兴市场经济体的银行业开放及其影响［J］. 国际金融研究，2007（3）：27–33.

[69] 朱建武. 基于 EVA 的中小银行绩效与治理结构关系分析 [J]. 财经研究，2005 (5)：31-37.

[70] 赵旭. 国有商业银行效率的实证分析 [J]. 经济科学，2000 (6)：45-50.

[71] 张凡. 关于独立董事制度几个问题的认识 [J]. 管理世界，2003 (2)：90-98.

[72] 张杰. 注资与国有银行改革：一个金融政治经济学的视角 [J]. 经济研究，2004 (6)：22-28.

[73] 张正堂. 企业内部薪酬差距对组织未来绩效影响的实证研究 [J]. 会计研究，2008 (9)：81-87.

[74] 朱南，卓贤，董屹. 关于我国国有商业银行效率的实证分析与改革策略 [J]. 管理世界，2004 (2)：18-26.

[75] 张建华. 我国商业银行效率研究的 DEA 方法及 1997~2001 年效率的实证分析 [J]. 金融研究，2003 (3)：11-25.

[76] 张建华. 国外商业银行效率研究的最新进展及对我国的启示 [J]. 国际金融研究，2003 (5)：22-27.

[77] 谌新民，刘善敏. 上市公司经营者报酬结构性差异的实证研究 [J]. 经济研究，2003 (8)：55-64.

[78] Antonio，M. V.，Campbell，K.. The Influence of Gender on Spanish Boards of Directors：An Empirical Analysis [R]. Working Papers. Serie EC，2007.

[79] Aboody，J. Hughes，J. Liu. Earing Quality，Insider Trading and the Cost of Capital [J]. Journal of Accounting Research，2005，43 (5)：651-673.

[80] Agarwal，A.，Knoeber. Firm Performance and Mechanisms to Control Agency Problems between Managers and Shareholders [J]. Journal of Financial and Quantitative Analysis，1996，31 (3)：377-397.

[81] Arun，T. G.，Turner，G. D.. Corporate Governance of Banks in Developing Economies：Concepts and Issues [J]. Corporate Governance of

Banks in Developing Economies, 2004, 12 (6): 251-263.

[82] Bebchuk, Lucian and Fried, Jesse. Executive Compensation at Fannie Mae: A Case Study of Perverse Incetives, Nonperformance Pay, and Camouflage[J]. Journal of Corporation Law, 2005, 30 (4): 807-822.

[83] Bonin, J. P., Hasan, I., Wachtel, P.. Privatization Matters: Bank Efficiency in Transition Countries [J]. Journal of Banking and Finance. 2005, 29 (8): 2155-2178.

[84] Bonin, J. P., Hasan, I., Wachtel, P.. Bank Performance, Efficiency and Ownership in Transition Countries [J]. Journal of Banking & Finance, 2005, 29 (1): 31-53.

[85] Burkart, M., Gromb, D., and Panunzi, F., Large Shareholders, Monitoring, and the Value of the Firm [J]. The Quarterly Journal of Economics, 1997, 112 (3): 693-728.

[86] Baker Wallage. The Future of Financial Reporting in Europe: It's Roles in Corporate Go Over Nance [J]. The International Journal of Accounting , 2000 , 35 (2): 173-1871.

[87] Baysinger, B., Butler, H.. Corporate Governance and the Board of Directors: Performance Effects of Changes in Board Composition [J]. Journal of Law, Economics and Organization, 1985 (1): 101-124.

[88] Beasley Mark S.. An Empirical Analysis of the Relation Between Board of Director Composition and Financial Statement Fraud [J]. The Accounting Review, 1996, 24 (10): 443-4651.

[89] Bushman R., A. Smith. Financial Accounting Information and Corporate Governance [J]. Journal of Accounting and Economics, 2001, 32 (3): 237-333.

[90] Bhagat, S., Black, B.. The Uncertain Relationship between Board Composition and Firm Performance [J]. Business Lawyer, 1999, 54 (5): 921-963.

[91] Bhattacharya, H. Daouk, M. Welker. The World Price of Earning

Opacity [J]. The Accounting Review, 2003, 78 (3): 641-678.

[92] Caprio G., Laeven L., and Levine, R.. Governance and Bank Valuation [R]. NBER Working Papers, No. 101581, 2003.

[93] Camerer, T.. Ultimatums, Dictators and Manners [J]. Journal of Economic Perspectives, 1995, 9 (2): 209-219.

[94] Cochran, P., Wartick, S.. Corporate Governance: A review of literature [J]. International Corporate Governance, Prentice Hall, 1998, 45 (8): 160-168.

[95] Core, J., Holthausen, R., Larcker, D.. Corporate Governance, Chief Executive Officer Compensation, and Firm Performance [J]. Journal of Financial Economics, 1999, 51 (3): 371-406.

[96] Conyon, M., Peck, S.. Board Control, Remuneration Committees and Top Management Compensation [J]. Academy of Management Journal, 1998, 41 (2): 146-157.

[97] Caprio G., Laeven L., Levine, R.. Governance and Bank Valuation [N]. NBER Working Papers, No. 101581, 2003.

[98] Charnes, A., Cooper, W. W., Rhodes, E.. Measuring the Efficiency of Decision Making Units, European [J]. Journal of Operation Research, 1978, 2 (6): 429-444.

[99] Chtourou Bedard, Courteau. Corporate Governance and Earnings Management [EB/OL]. http: //www.ssrn.com.

[100] Diamond, D. W.. Reputation Acquisition in Debt Markets [J]. Journal of Political Economy, 1989, 97 (4): 825-562.

[101] Demsetz, H., Lehn, K.. The Structure of Corporate Ownership: Causes and Consequences [J]. Journal of Political Economy, 1983, 93 (6): 1155-1177.

[102] David M. Kreps and Robert Wilson. Reputation Andimperfect Information [J]. Joumal of Economic Theory, 1982, 27 (2): 253-279.

[103] Daily, C., Dalton, D.. Board of Directors Leadership and

Structure: Control and Performance Implications [J]. Entrepreneurship Theory and Practice, 1993, 17 (3): 65-81.

[104] Denis, D. J. Serrano, J. M.. Active Investors and Management Turnover Following Unsuccessful Control Contests [J]. Journal of Financial Economics, 1996, 40 (2): 239-266.

[105] Darrough M., Stoughton N.. Financial Disclosure Policy in an Entry Game [J]. Journal of Accounting and Economics , 1990, 12 (2): 219-244.

[106] Demsetz, H., and Lehn, K.. The Structure of Corporate Ownership: Causes and Consequences [J]. Journal of Political Economy, 1985, 93 (6): 1155-1177.

[107] Eisenberg, T., Sundgren, S., Wells, M.. Larger Board Size and Decreasing Firm Value in Small Firms [J]. Journal of Financial Economics , 1998, 48 (1): 35-54.

[108] Fudenberg, D., David K. L.. Maintaininga Reputation When Strategies Are Imperfectly Observed [J]. Review of Economic Studies, 1992, 59 (3): 561-579.

[109] Faccio, M., Lang, L., Young, L.. Dividends and Expropriation [J]. American Economic Review, 2001, 91 (1): 54-78.

[110] Fehr, G.. Cooperation and Punishments in Public Goods Experiments [J]. American Economic Review, 2000, 90 (4): 980-994.

[111] Fehr and Goette. A Behavioral Account of the Labor Market: The Role of Fairness Concerns [R]. Discussion Paper, No.3901, 2008.

[112] Francis, I. Khurana, R. Pereira. Disclosure Incentives and Effects on Cost of Capital around the World [J]. The Accounting Review, 2005, 80 (4): 1125-1162.

[113] Fama, E.. Agency Problems and the Theory of the Firm [J]. Journal of Political Economy, 1980, 88 (2): 28-307.

[114] Fama, E., Jensen, M.. Agency Problems and Residual Claims

[J]. Journal of Law and Economics, 1983, 26 (2): 327–349.

[115] George, J. M., Samuelson, L.. Who Wants a Good Reputation [J]. Review of Economic Studies, 2001, 68 (2): 415–441.

[116] Gihbons, R., Murphy, K. J.. OPtimal Incentive Contracts in the Presence of Career Concern: Theory and Evidence [J]. Journal of Political Economy, 1992, 100 (3): 468–505.

[117] Grossman, S. J., Hart, O. D.. Takeover Bids, the Free–rider Problem, and the Theory of the Corporation [J]. Bell Journal of Economics, 1980, 11 (1): 42–64.

[118] Geroge R. G. Clarke, Robert Cull, Mary M. Shirley. Bank Privatization in Developing Countries: A Summary of Lessons and Findings [J]. Journal of Banking and Finance, 2005, 29 (9): 1905–1930.

[119] Grossman S., Hart O.. Disclosure Laws and Take Overbids [J]. Journal of Finance, 1980, 35 (5): 323–334.

[120] Grossman S.. The Informational Role of Warranties and Private Disclosure about Product Quality [J]. Journal of Law and Economics, 1981, 24 (3): 461–484.

[121] Gietzmann, J. Ireland.. Cost of Capital, Strategic Disclosures and Accounting Choice [J]. Journal of Business Finance and Accounting, 2005, 32 (3): 599–633.

[122] Hill, C., and Snell, S.. Effects of Ownership Structure and Control on Corporate Productivity [J]. Academy of Management Journal, 1989, 32 (1): 25–46.

[123] Holderness, C. G., and Sheehan, D. P.. The Role of Majority Shareholders in Publicly Held Corporations: An Exploratory Analysis [J]. Journal of Financial Economics, 1988, 20 (1): 317–346.

[124] Hyun E. Kim, Byung–Yoon Lee. Determinants of Foreign Bank Entry and the Effect of Foreign Bank Entry on the Performance of Domestic Banks (in Korean) [J]. Economic Analysis, 2004, 13 (8):

219-245.

[125] Healy P. M., Palipu K. G.. Information Asymmetry, Corporate Disclosure, and the Capital Markets: A Review of the Empirical Disclosure Literature [J]. Journal of Accounting and Economics, 2001, 31 (5): 405-440.

[126] Hall, Brian, Jeffrey Liebman, Are CEO's Really Paid Like Bureaucrats [J]. Quarterly Journal of Economics, 1998, 113 (3): 653-691.

[127] Hermalin, B., Weisbach, M., Boards of Directors as an Endogenously Determined Institution. A Survey of the Economic Literature [N]. SSRN Working Paper, 2003.

[128] Hermalin, B., Weisbach, M.. The effect of Board Composition and Direct Incentives on Firm Performance [J]. Financial Management, 1991 (20): 101-112.

[129] Hernalin, B., Weisbach, M.. Endogenously Chosen Boards of Directors and Their Monitoring of the CEO [J]. The American Economic Review, 1998, 188 (1): 96-118.

[130] Holmstrom and Milgrom. Aggregation and Linearity in the Provision of Intertemporal Incentives [J]. Econometrica, 1987, 55 (2): 303-328.

[131] Houston J. and C James. CEO Compensation and Bank Risk: Is Compensation Structured in Banking to Promote Risk Taking? [J]. Journal of Monetary Economics, 1995 (36): 405-431.

[132] Jason R. Barro and Robert J. Barro. Pay Performance and Turnover of Bank CEOs [J]. Journal of Labor Economics, 1990, 8 (4): 448-481.

[133] Jensen, M., Meckling, W.. Theory of the Firm: Managerial Behavior, Agency Cost, and Capital Structure [J]. Journal of Financial Economics, 1976, 24 (3), 305-360.

[134] John, K., Mehran, H., Qian, Y.. Regulation Subordinated Debt and Incentive of CEO Compensation in the Banking Industry [N].

Unpublished Paper, FRBNY, 2003.

[135] John, K. and Y. Qian. Incentive Feature in CEO Compensation in the Banking Industry [J]. FRBNY Economic Policy Review, 2003 (9): 109–121.

[136] John, K., Qian, Y.. Incentive Feature in CEO Compensation in the Banking Industry [J]. Economic Policy Review, 2003, 15(9): 109–121.

[137] Kim, K. A., Kitsabunharat–Chatjuthamard, P., Nofsinger, J. R.. Large Shareholders, Board Independence, and Minority Shareholder Rights: Evidence from Europe [J]. Journal of Corporate Finance, 2007, 13 (5): 859–880.

[138] Khanna, T., K. Palepu. Foreign Bank Presence, Domestic Bank Performance and Financial Development [J]. Journal of Emerging Market Finance, 2004, 3 (2): 207–229.

[139] Leech, D., and Leahy, J.. Ownership Structure, Control Type Classifications and the Performance of Large British Companies [J]. Economic Journal, 1991, 101 (11): 1418–1437.

[140] Levine, R.. Bank–Based or Market–based Financial Systems: Which is Better [N]. NBER Working Papers, National Bureau of Economic Research, Inc. 2002.

[141] La Porta R., FLopezodeo Silanes, A Shleifer, et al. Legal Determinants of External Finance [J]. Journal of Finance, 1997, 52 (5): 1131–1150.

[142] La Porta, Rafael, Florencio LopezOdeOSilanes, et al. Corporate Ownership Around the World [J]. Journal of Finance, 1999, 54 (3): 471–517.

[143] Lipton, M., Lorsch, J.. A Modest Proposal for Improved Corporate Governance [J]. Business Lawyer , 1992, 48 (1): 59–77.

[144] Lambert, R., Larcker, D., Weigelt, K.. The Structureof Or–

ganizational Incentives [J]. Administrative Science Quarterly, 1993, 38 (3): 438-461.

[145] Morck A.. Management Ownership and Market Valuation: An Empirical Analysis [J]. Journal of Financial Economics. 1988, 20 (2): 293-315.

[146] Morck , R., Shleifer, A., and Vishny, R. W.. Management Ownership and Market Valuation: An Empirical Analysis [J]. Journal of Financial Economics, 1988, 20 (1): 293-315.

[147] McConnell, J. J., and Servaes, H.. Additional evidence on equity ownership and corporate value [J]. Journal of Financial Economics, 1990, 27 (2): 595-612.

[148] Megginson et al. The Choice of Private Versus Public Capital Markets: Evidence from Privatizations [J]. Journal of Finance, 2004, 59 (6): 2835-2870.

[149] Mehran. Executive Compensation Structure, Ownership, and Firm Performance [J]. Journal of Financial Economics, 1995 (138): 163-184.

[150] Milgrom P.. Good News and Bad News: Representation the Orems and Applications [J]. Bell Journal of Economics, 1981, 12 (4): 380-391.

[151] Mak, Y., Li, Y.. Determinants of Corporate Ownership and Board Structure: Evidence from Singapore [J]. Journal of Corporate Finance, 2001, 52 (7): 235-256.

[152] Mudambi, R., and Nicosia, C.. Ownership Structure and Firm Performance: Evidence from the UK Financial Services Industry [J]. Taylor and Francis Journals, 1998, 8 (2): 175-180.

[153] Olivier, D. Bandt, Davis, E. Philip. Competition, Contestability and Market Structure in European Banking Sectors on the Eve of EMU [J]. Journal of Banking and Finance, 2000, 24 (6): 1045-1066.

[154] Peasnell, Pope, S. Young. Outside Directors, Board Effectiveness and Earnings Management [EB/OL]. http: //www.ssrn.com.

[155] Prowse, S.. Alternative Methods of Corporate Control in Commercial Banks [J]. Economic Review Third Quarter, 1995 (1): 7-14.

[156] Rosenstein, S. Wyatt, J.. Inside Directors, Board Effectiveness, and Shareholder Wealth [J]. Journal of Financial Economics, 1997, 44 (5): 229-248.

[157] Renneboog, L.. Ownership Managerial Control and the Governance of Companies Listed Oil the Brussels Stock Exchange [J]. Journal of Banking & Finance, 2000, 24 (3): 1959-1995.

[158] Rosenstein, S., Wyatt, J.. Outside Directors, Board Independence and Shareholder Wealth [J]. Journal of Financial Economics, 1990, 26 (2): 175-191.

[159] Robert Lensink, Niels Hermes. The Short-term Effects of Foreign Bank Entry on Domestic Bank Behavior: Does Economic Development Matter? [J]. Journal of Banking & Finance, 2004, 28 (3): 553-568.

[160] Shleifer, A. and Vishny R. W.. A Survey of Corporate Governance [J]. Journal of Finance, 1997 (52): 737-775.

[161] Shleifer, A., and Vishny, R. W.. Large Shareholders and Corporate Control [J]. Journal of Political Economy, 1986, 94 (3): 461-488.

[162] Simens Ferdinand. Fairness, Adverse Selection and Employment Contracts [N]. Working Paper, 2003.

[163] Tosi, H., Wemer, S., Katz, J., Gomez-Mejia, L.. How Much Does Performance Matter? A Meta-analysis of Executive Compensation Studies [J]. Journal of Management, 2000, 26 (2): 301-339.

[164] Unite A. A., Sullivan M. J.. The Effect of Foreign Entry and Ownership Structure on the Philippine Domestic Banking Market [J]. Journal of Banking & Finance, 2003, 27 (12): 2323-2345.

[165] Verrecchia R.. Discretionary disclosure [J]. Journal of Account-

ing and Economics, 1983 (5): 179–194.

[166] Verrecchia R.. Essays on Disclosure [J]. Journal of Accounting and Economics, 2001, 32 (4): 97–180.

[167] Wright D. W.. Evidence on the Relation Between Corporate Governance Characteristic and the Quality of Financial Reporting [EB/OL]. http: //www.ssrn.com.

[168] Yupana Wiwattanakantang. Controlling Shareholders and Corporate Value: Evidence from Thailand [J]. Pacific–Basin Finance Journal, 2001, 9 (4): 323–362.

[169] Yermack, D.. Higher Valuation of Companies with a Small Board of Directors [J]. Journal of Financial Economics, 1996, 40 (5): 185–212.